鉄道でゆく 東海 絶景の旅

内藤昌康 著
Masayasu Naito

風媒社

鉄道でゆく東海絶景の旅【目次】

JR 太多線美濃川合駅付近（岐阜県）

第2章　大井川鉄道

第3章　飯田線

第4章　愛知県

第5章 中央本線

第6章 岐阜県

第7章 三重県

JR 飯田線伊那田島駅付近
（長野県）

【東海絶景マップ】

＊赤丸印内の数字は、本書のページ番号を示す。

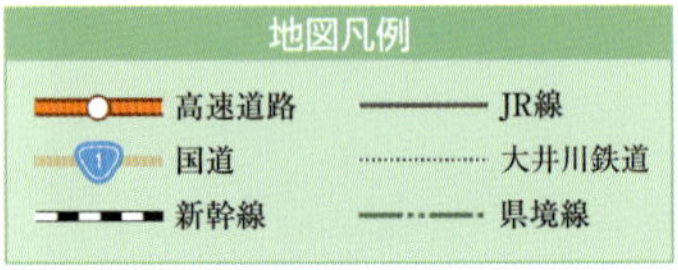

N
若狭湾
敦賀湾
小浜湾
琵琶湖
伊勢湾
三河湾
福井県
岐阜県
滋賀県
京都府
大阪府
奈良県
三重県
丸岡IC
福井北IC
福井IC
鯖江IC
武生IC
今庄IC
敦賀IC
北陸自動車道
木之本IC
長浜IC
米原JCT
彦根IC
名神高速道路
八日市IC
竜王IC
栗東IC
草津田上IC
瀬田東IC
大津IC
京都東IC
京都南IC
茨木IC
東大阪JCT
天理IC
郡山IC
法隆寺IC
香芝IC
柏原IC
堺IC
岸和田和泉IC
信楽IC
甲南IC
甲賀土山IC
新名神高速道路
亀山IC
関JCT
芸濃IC
津IC
久居IC
松阪IC
伊勢自動車道
勢和多気IC
玉城IC
伊勢IC
大宮大台IC
紀勢大内山IC
尾鷲市
熊野市
関ケ原IC
大垣IC
岐阜羽島IC
尾西IC
一宮IC
一宮JCT
一宮木曽川IC
岐阜各務原IC
清洲東IC
稲JCT
勝川IC
蟹江IC
弥富IC
長島IC
桑名東IC
桑名IC
四日市東IC
四日市IC
鈴鹿IC
伊勢湾岸自動車道
中部国際空港
知多半島道路
名古屋IC
東三好IC
豊田IC
岡崎IC
音羽蒲郡IC
小牧IC
小牧東IC
小牧JCT
春日井IC
多治見IC
土岐IC
瑞浪IC
東海環状自動車道
関IC
美濃IC
美並IC
郡上八幡IC
ぎふ大和IC
白鳥IC
高鷲IC
荘川IC
飛騨清見IC
東海北陸自動車道
110
111
108
115
114
112
106
41
105
104
84
119
116
21
90
83
118
82
126
23
124
76
78
79
74
1
72
71
128
80
129
130
132
134
135
136
23
140
42
138
141
42
142
144

はじめに

ここ数年、鉄道趣味の復権のおかげで多くの鉄道本が発刊され、雑誌やテレビでもさまざまな鉄道特集が見られるようになりました。それらで紹介された美しい鉄道風景に旅情を掻き立てられ、実際に旅に出た「非・鉄道ファン」も多いことでしょう。

ただ、メディアで紹介されるような絶景には、気軽に出掛けて容易に出会えるというわけではありません。これぞ！という撮影ポイントは、山奥だったり、町から遠く離れた場所だったりすることが多いのです。あるいは、車窓に絶景が現れてもほんの一瞬で過ぎ去ってしまい、歯噛みした経験は誰しもあるでしょう。

そこで、本書では鉄道に乗って気軽に見に行くことができる東海地方の絶景・眺望ポイントを集めました。いずれも駅から約二キロ以内、おおむね徒歩三十分圏内にある場所に限っています。カメラマンに人気の有名撮影地、地元の人しか知らないような穴場、都会から山村・漁村に至るまで、列車の待ち時間に行って戻ってこられるような、そんなスポットばかりです。もっとも、本数の少ないローカル線だとそうもいかず、事前の計画も必要ですが…。

時間に余裕があれば、さらなる絶景を求めてもうひと歩きしてみるのもいいでしょう。この本をきっかけに、オリジナルの鉄道の旅、途中下車の旅を創り出していただければ幸いです。

＊眺望ポイントまでの距離は目安です。

第1章 静岡県

JR東海道本線沼津駅

若山牧水《ぼくすい》が愛した海と松原　千本浜公園

❖遥か先まで続く千本松原

沼津市の狩野川《かのがわ》河口から富士市の富士川河口まで約二〇キロにわたり、延々と続く千本松原。東海道屈指の景勝地として知られたこの千本松原の東端にあるのが千本浜公園である。古木が生い茂る松林と、その向こうに広がる海岸線が美しく、沼津最大の観光名所となっている。波に洗われる石の音も心地よい。

千本松原は中世に消滅していた時期があったという。戦国時代、武田勝頼《かつより》が北条氏政《うじまさ》と戦った折、北条方の兵が隠れるのを恐れて松を伐採したためである。潮風を防ぐ松林が消えたので、農民達は苦しんだ。これを見て心を痛めた諸国巡錫《じゅんしゃく》中の増《ぞう》誉《よ》上人は、経文を唱えながら松の苗を植え、何年かのちにようやく松林は復活したのだった。

❖若山牧水が晩年を過ごした地

古くからの名所であった千本松原が公園化されたのは明治四十一年。近くの沼津御用邸に頻繁に滞在した昭憲皇太后が、ここでの散策をことのほか好んだことが、公園整備のきっかけだった。旅館や別荘も建ち並び、保養所、海水浴場として名を馳せるようになる。

千本浜公園には多くの文人墨客が滞在した。中でも歌人の若山牧水は、静養で当地に滞在してこの風光を大いに気に入り、大正十五年、永住を決めて松原の一角に新居を構えたほど。この年、財政難の静岡県が千本松原の伐採計画を発表、牧水は保存運動の先頭に立って激しく抗議し、ついに計画は中止された、という一件もあった。公園内には牧水の歌碑や記念館があり、その歩みを辿ることができる。

沼津駅

千本浜公園から見た海岸線。富士市の方まで松原が延びている

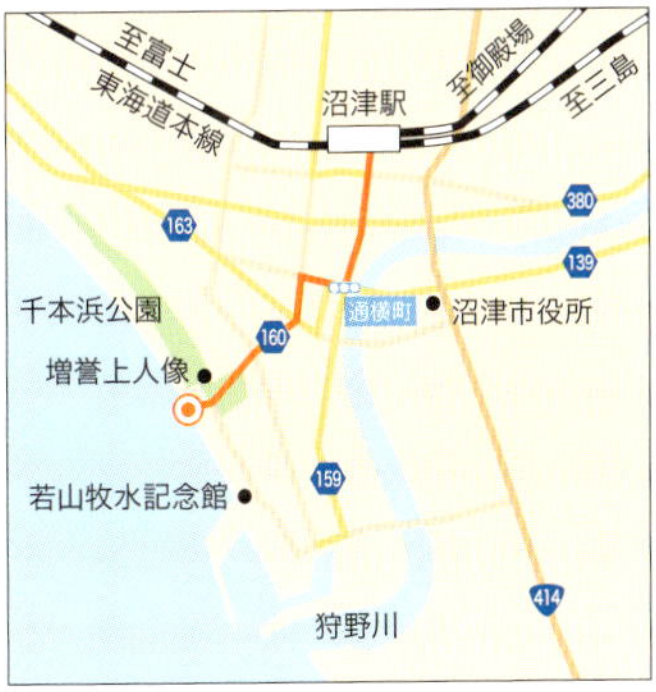

【DATA】
所在地／静岡県沼津市千本
◉絶景ポイントまで…沼津駅から約 1.8km
◉沼津市若山牧水記念館
開館時間 9:00 ～ 17:00 ／月曜・年末年始休／入館料 200 円
TEL055-962-0424
◉車…東名高速沼津 IC →国道 246・414・県道 160 号経由→現地（約 8.5km）

松原の中に立つ増誉上人の像

●JR身延線西富士宮駅

富士山に抱かれた町を一望　西富士宮

❖登山口、門前町として発展

車窓から富士山が間近に見えるJR身延《みのぶ》線。この路線の南部の拠点富士宮は、古くから富士山登山の表玄関として、また浅間《せんげん》大社の門前町として栄えた町である。

市街地に鎮座する浅間大社は全国に点在する浅間神社の総本宮で、噴火を繰り返す富士山を鎮めるため山麓に浅間大神を祀《まつ》ったのが起源。現在地へは大同元年（八〇六）に遷座され、朝廷や時の権力者、武将らの庇護を受け、庶民の信仰を集めてきた。中世から修験者らによっておこなわれていた富士登山は、江戸時代の中頃から民間にも広まり、登山口である富士宮に賑わいをもたらした。

しかし、明治二十二年に御殿場線（当時の東海道本線）が開通すると、登山客は御殿場口へと流れる。これに対抗して敷設されたのが身延線だ。大正二年、富士身延鉄道として富士―富士宮（当時は大宮町）間で開業し、全線開通後の昭和十三年に国有化されている。

❖富士山麓に町が広がる

富士宮の町を一望できるポイントが、町の西外れの高台にある。西富士宮駅から商店街を背に県道を西へと進み、身延線の西山踏切を越えた先で県道を外れて細い山道へ。日中、車も人もほとんど通らない寂しい道だが、程なくすると木立の切れ目から、大パノラマが広がる。

ここから見ると、富士宮が富士山に抱かれた町であることがよくわかる。秀麗な姿の富士山が大きく裾野を広げ、その裾先のなだらかな傾斜地に町がつくられている。工場が目立つのも、豊富な水量と広大な土地を有するこの町らしい景観といえるだろう。

西富士宮駅

夕陽に照らされる富士山と富士宮の町並み。眼下を特急「ふじかわ」が走り去る

徳川家康が造立した浅間大社の社殿

【DATA】
所在地／静岡県富士宮市大中里
◉絶景ポイントまで…西富士宮駅から約 2.0km
◉車…西富士道路終点→国道 139・県道 76・182 号経由→現地（約 5.5km）

ＪＲ東海道本線由比《ゆい》駅

東海道屈指の眺望名所

薩埵《さった》峠道

数ある富士山の展望スポットで最も有名な場所のひとつが、静岡市清水区由比と興津《おきつ》の境界にある旧東海道の薩埵峠だろう。富士山と駿河湾が一望でき、眼下には東名高速の高架橋、国道一号、東海道本線という日本の大動脈三本が並走。ポスターや観光ガイドブックなどでもおなじみの絶景である。

　最寄りの由比駅から薩埵峠へはおよそ三キロ。古い家並みの残る東倉沢、西倉沢の集落を抜けて、蜜柑畑の間を縫うように続く緩い山道を登ってゆくと、一時間もかからずに峠に辿り着く。興津駅へも同じくらいの距離なので、二時間ほどの軽いハイキングには好適だ。

　なお本書は「駅から二キロ以内」を原則としているので、左の写真も二キロ地点からのもの。ここからもじゅうぶん眺望が楽しめる。

　薩埵峠の道が開かれたのは明暦元年（一六五五）。この年、江戸幕府へ向かう朝鮮通信使（使節）通行のため開削されたもので、それ以前は峠下の波打ち際を通行していた。しかし、安政元年（一八五四）の大地震で海岸の地盤が隆起したため、再び海岸線を通行できるようになり、峠越えは廃《すた》れる。往来が頻繁だったのはわずか二百年間だったということになる。

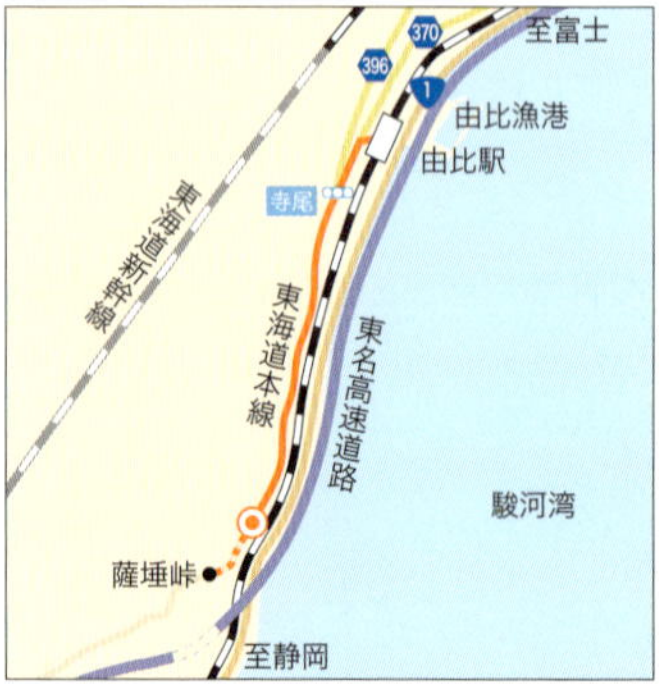

【DATA】

所在地／静岡県静岡市清水区由比西倉沢
◉絶景ポイントまで…由比駅から約 2.0km
◉車…東名高速清水 IC →国道 1・52 号・旧東海道経由→現地（約 8km）

←薩埵峠手前から眺める富士山。手前はサクラエビで有名な由比漁港の防波堤

富士川橋梁を通過する
特急「ふじかわ」

●JR東海道本線富士川駅

富士山を仰いで富士川を渡る　富士川橋梁

東海道本線における富士山のベストビューポイントなら、富士川橋梁の名がまず挙がるだろう。富士川駅近くの右岸堤防から、富士山と鉄橋の全貌を見渡せる。この鉄橋が建設されたのは明治二十二年。やや下流にある東海道新幹線の富士川橋梁も、撮影地として名高い。

ちなみに、富士川下流の初めての橋は、明治九年に架橋された木造の仮橋である。個人経営の有料橋で、橋がありながら渡船も同時に利用されていた。永久橋の完成は鉄道橋から三十五年後の大正十三年。これは県道富士由比線（旧国道一号）の富士川橋として今も使用されており、この橋からの眺めもいい。

【DATA】
所在地／静岡県富士市岩渕
◉絶景ポイントまで…富士川駅から約 1.2km
◉車… 東名高速富士川スマートIC →県道 10 号経由→現地（約 2km）

島田市街側から眺める蓬莱橋の全景

JR東海道本線島田駅

大井川に架かる木造の名橋　蓬莱橋《ほうらいばし》

橋そのものが景観として素晴らしいのは、島田市の蓬莱橋。全長八九七・四メートル、ギネスブックにも認定された「世界一長い木造歩道橋」である。遥か対岸に向かって細々と延び、橋から川面まで近く、冬には上流から吹く風が強い。往復三十分で、大井川の自然が体感できる。

架橋は明治十二年。大井川右岸の牧之原台地に入植した人々が島田の町へ買出しに行くため、また島田の人が開墾に出向くため、島田宿の開墾人総代らによって請願、建設された。水害でたびたび破損し、昭和四十年には橋脚だけコンクリートに造り変えられている。

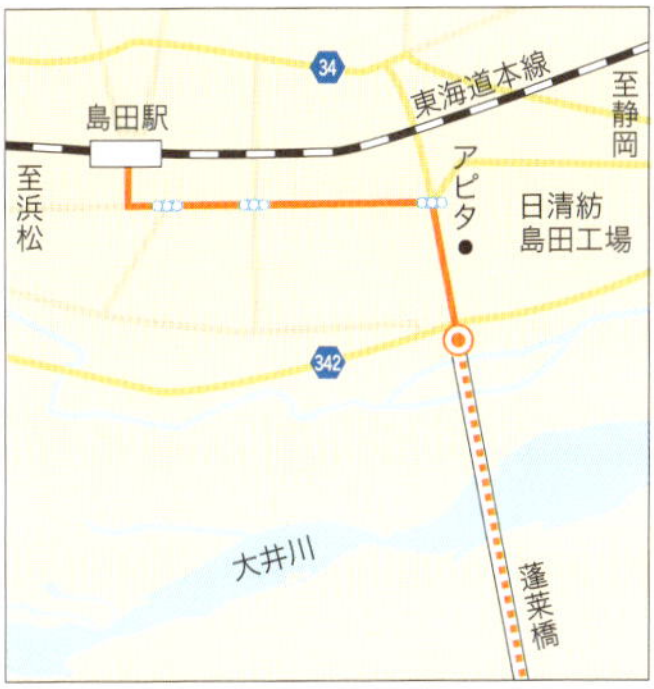

【DATA】

所在地／静岡県島田市宝来町
◉絶景ポイントまで…島田駅から約 1.3km
◉蓬莱橋…通行料 100 円
◉車…東名高速吉田 IC →県道 34・342 号経由→現地（約 7.5km）

◉JR東海道本線金谷駅

茶畑、大井川、そして富士山

牧之原台地

❖旧士族が開拓した牧之原

日本一の茶どころ静岡県において、その中心地が牧之原台地である。平成の大合併で誕生した牧之原市から、島田市、菊川市にまたがる広大な台地で、東海道本線金谷駅の真上がその北端にあたる。

牧之原での茶生産の起源は明治初年。明治維新で地位と仕事を失った士族らが入植し、開拓と茶の植樹をおこなったのが始まり。旧士族らを率いたのは、徳川慶喜《よしのぶ》を護衛する「精鋭隊（のちに新番組と改称）」の隊長を務めた江戸生まれの武士、中條《なかじょう》金之助景昭《きんのすけかげあき》で、勝海舟や山岡鉄舟の勧めにより、部下を率いて入植した。すぐのち、大井川の川越制度廃止を受け、川越人足たちも開拓に参加。やがて牧之原には広大な茶園が出現し、大正時代には国立茶業試験場も設置されるなど、日本一の産地として成長してゆく。

❖牧之原公園から絶景を眺める

最初の入植地である牧之原台地北部へは、金谷駅から国道四七三号の坂道を歩いて三十分ほどの距離だ。周辺には旧東海道石畳道や「お茶の郷博物館」など、立ち寄りたい名所も点在している。

眺望ポイントは、大井川や富士山が一望できる牧之原公園。ここには日本に茶を広めた臨済宗の高僧栄西《えいさい》の銅像も立っている。お茶の郷博物館からの眺めもよく、博物館の周辺に広がる茶畑の向こうに富士山が頭を出すという、実に日本的な風景にも出会える。

このほか、牧之原公園下の「弘法坂」と呼ばれる坂道の途中に、東海道本線や大井川鉄道を入れて写真が撮影できるポイントもある。

金谷駅

牧之原公園から大井川と島田市街を望む。
右端は東海道本線大井川橋梁

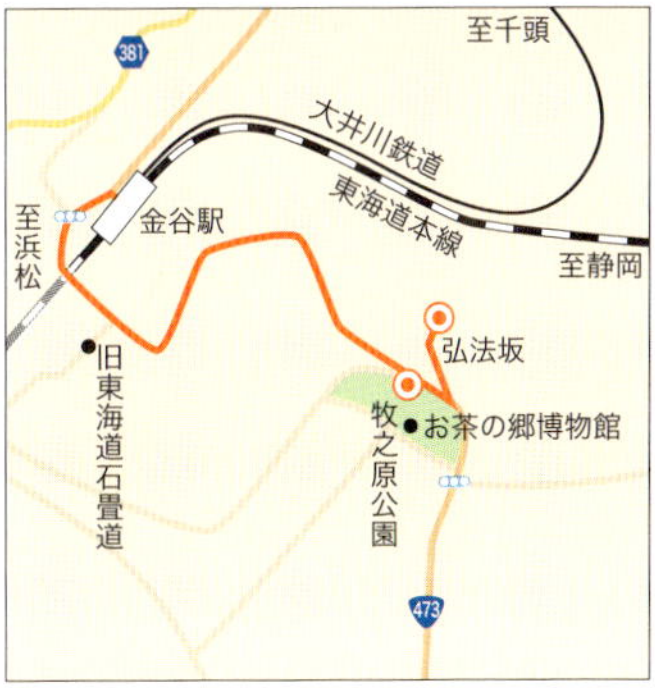

【DATA】

所在地／静岡県島田市金谷
◉絶景ポイントまで…金谷駅から牧之原公園まで約 1.6km、弘法坂まで約 1.9km
◉お茶の郷博物館
開館時間 9:00 ～ 17:00 ／火曜・年末年始休／入館料 600 円
TEL0547-46-5588
◉車…東名高速相良牧之原 IC →国道 473 号経由→現地（約 6km）

弘法坂から見た金谷の町と東海道本線

● JR東海道本線弁天島駅

〝島〟から眺める浜名湖

弁天島

❖弁天島駅は島にある

遠州地方の東海道本線で車窓風景のハイライトは、弁天島の前後だ。舞阪から新居町まで間に弁天島駅を挟み、三つの鉄橋で浜名湖を渡るのである。ただ、北側を新幹線、南側を国道一号が並走しており、必ずしも視界良好というわけではない。浜名湖の風景を楽しむなら、やはり弁天島駅で途中下車し、周辺を散策してみたい。

弁天島駅はその名のとおり、島に駅がある。大昔、ここは砂州だったのだが、中世の「明応の大地震」で浜名湖と太平洋がつながったとき、島になったといわれている。その後、松が植栽されて島の体をなす。明治時代には旅館が建ち、保養地として注目され、東海道線開通と同時に海水浴場も開かれた。弁天島駅は最寄りの臨時駅として設置されたのが始まりである。

❖北と南に眺望ポイント

浜名湖の眺望ポイントは、駅の北と南にある。駅に近い南側では、駅前に並ぶホテル群の向こう側にある「弁天島海浜公園」。地元では潮干狩り、海水浴、夕景スポットとして知られている。湖の中に立つ朱塗りの鳥居がアクセントになっているが、これはシンボルタワーで、地名の由来となった弁天神社とは関係がない（弁天神社は駅前にある）。

駅の北側には、昭和初期に観光開発などを目的に造成された人工島が浮かんでいる。そのうち、北西にある「観月園」からの眺めがよい。すぐ前には海苔や牡蠣《かき》の養殖場が広がり、湖の向こうには遠州北部の山並みが連なる。冬の好天時には富士山が拝めることもある。

弁天島駅

シンボルタワーの向こうに落ちる夕陽。漁船は舞阪の港へと帰ってゆく

【DATA】
所在地／静岡県浜松市西区弁天島
◉絶景ポイントまで…弁天島駅から弁天島海浜公園まで約 0.1km、観月園まで約 1.4km
◉車…東名高速浜松西 IC →県道 65・国道 1 号経由→現地（約 14.5km）

観月園から望む。一帯は海苔や
牡蠣の養殖場

天竜浜名湖鉄道尾奈駅

みかんの里、三ヶ日《みっかび》の湖

猪鼻湖《いのはなこ》

湖畔にたたずむ天浜線の駅

浜名湖の湖岸線は複雑で、大小いくつもの入江を持っている。なかには東部の「庄内湖」、北東部の「細江湖」など、浜名湖に属しながら別の名前で呼ばれるところもある。大きく突き出した半島によって浜名湖から区切られた「猪鼻湖」もそのひとつだ。

猪鼻湖は、天竜浜名湖鉄道では都筑《つづき》から尾奈の間で見える。この間の都筑、三ヶ日、奥浜名湖、尾奈、どこで下車しても湖畔まで徒歩十分以内。山や丘に囲まれているので、広々とした浜名湖よりも風景にめりはりがあり、雰囲気ものどかさを増す。なお、奥浜名湖駅の駅名が紛らわしいが、この呼び方はあまり一般的ではない。

海上安全を見守る猪鼻湖神社

縮尺の大きな地図で見ると独立した湖のように思えるが、尾奈駅から南へ一・五キロほどの「猪鼻瀬戸」で、浜名湖とつながっている。わずか百メートルほどの狭い水道で、ここからは猪鼻湖と浜名湖の両方を見渡すことができる。

瀬戸東岸の先端には猪鼻湖神社が祀られている。波に洗われそうな小さな社だが、古くから漁民の信仰を集めてきた。もっとも、今は猪鼻湖沿岸に漁を生業とする人はほぼ皆無で、湖内で見られる牡蠣《かき》養殖は新居町あたりの漁業者のもの。

新旧二つの瀬戸橋も、風景のいいアクセントになっている。昭和三十年までは両岸を渡船が結び、鉄道の開通前は、東海道本線の鷲津と三ヶ日を結ぶ巡航船も通っていた。現在は、ここと舘山寺《かんざんじ》温泉を結ぶ観光船が運航されている。

尾奈駅

瀬戸橋から眺める猪鼻湖。
中央の鳥居と太鼓橋は猪鼻湖神社

吊り橋の瀬戸橋（手前）と、浜名湖
レイクサイドウェイの新瀬戸橋

【DATA】
所在地／静岡県浜松市北区三ヶ日町下尾奈～大崎
◉絶景ポイントまで…尾奈駅から約 1.5km
◉浜名湖遊覧船…1 日 6 便（冬季は 3 ～ 4 便）／乗船料片道 650 円、往復 1150 円
TEL053-526-7066（瀬戸港）
◉車…東名高速三ヶ日 IC →県道 85・310 号（浜名湖レイクサイドウェイ）経由→現地（約 8km）

天竜浜名湖鉄道西気賀《にしきが》駅

山と岸から浜名湖を堪能

小引佐《こいなさ》と五味《ごみ》半島

❖ふと下車したくなるローカル駅

天竜浜名湖鉄道の見どころのひとつは、社名のとおり浜名湖だ。西気賀から知波田《ちばた》あたりまでが湖岸近くを走る区間で、ところどころ車窓に穏やかな湖面が現れる。浜名湖の湖岸線は複雑で入り江が多く、周囲の地形も起伏が多いので、変化に富んだ風景が見られて楽しい。

そんな天浜線西部には、好ロケーションの駅が目白押しである。多くが国鉄時代からの駅舎や施設を使用しており、西遠州の穏やかな風景と相まって、実に味わい深い風情を醸し出している。その代表格といえるのが西気賀駅。緩くカーブしたホーム、古びた駅名標、待合室、木造駅舎と、思わず途中下車したくなる雰囲気にあふれている。駅には洋食レストラン「グリル八雲」が入り、昼食時の列車待ちには好都合だ。

❖湖を一望の眺望スポット

西気賀駅の背後にある小高い山の中腹へ登ると、浜名湖奥部の入り江「細江湖」を一望できる。この場所は「小引佐」と呼ばれ、見付宿（磐田市）と御油《ごゆ》宿（豊川市）を結ぶ東海道の脇往還「姫街道」の一部。なかでもここは姫街道でもっとも眺めのよい場所として知られている。

時間に余裕があれば、姫街道を西に歩いて引佐峠を越え、都筑《つづき》か三ヶ日あたりまで歩くのもいいだろう。沿道には広大な蜜柑畑が広がり、秋冬にはたわわに実る。

間近に湖を眺めるならば「五味半島」を周遊してみよう。半島といっても駅前に小さく突き出した岬で、一周してもわずか十五分ほど。細江湖の静かなさざ波が打ち寄せ、心地よい散策が楽しめる。

西気賀駅

姫街道小引佐の峠から「細江湖」を望む。写真中央、湖に突き出ているのが五味半島

穏やかな秋の湖面はまるで鏡のよう

【DATA】

所在地／静岡県浜松市北区細江町気賀

◉絶景ポイントまで…西気賀駅から小引佐まで約1.3km、五味半島の先端まで約0.5km

◉グリル八雲…営業時間 11:00 ～ 14:00（土日祝は～ 19:00）／火曜休／ TEL053-523-2590

◉車…東名高速三ヶ日 IC →県道 85・国道 362 号経由→現地（約 8.5km）

特集1

富士山の見える駅

静岡県の東部へ行けば、わざわざ展望スポットまで行かなくても駅から富士山の眺めがじゅうぶん楽しめる。富士山の見える駅を探して、途中下車してみよう。

◉**東海道本線　富士川駅**（P.16）……鉄道写真の撮影名所、富士川橋梁への最寄り駅。上り列車は駅を出ると大きくカーブして、鉄橋に進む。これより西の由比駅や興津駅からも見えるが、山頂部分のみ。

◉**東海道本線　吉原駅**……製紙の町、富士市吉原地区への玄関口で、岳南鉄道が接続する。駅の南西徒歩10分に「富士と港の見える公園」があり、工業都市の港湾と富士山という取り合わせも眺められる。

◉**東海道本線　東田子の浦駅**……小ぶりな駅舎を背に、富士山と愛鷹山系の山並みが見える。駅前を通る旧東海道の南側には、沼津市の千本浜公園から続く松林が広がるが、高い防波堤に阻まれ富士山は見えづらい。

◉身延線　柚木《ゆのき》駅…………
昭和44年の身延線富士ー竪堀間のルート変更に伴い開業した高架駅。この区間は路線が北向きなので、列車に乗ると真正面に富士山がそびえる。

◉身延線　入山瀬《いりやませ》駅………
駅周辺に製紙工場が点在。駅の北側が自動車学校のコースで空間があるため、ホームから富士山がよく見える。近隣の富士根駅、源道寺駅からの眺望もよい。

◉身延線　沼久保駅………
富士宮市の西端に位置する山の中の無人駅で、身延線内で富士山が見えるのはここが最後。これより先は富士川沿いの山あいを山梨県へと北上する。

正面は静岡文化芸術大学、左から上にかけて延びる高架橋は遠州鉄道

ビル&タワー

アクトシティ浜松

浜松平野に屹立する巨大ランドマーク

平成十九年、全国十六番目の政令指定都市となった浜松市の顔ともいえる高層ビルが、浜松駅に隣接してそびえる「アクトシティ浜松」である。高さ二一二・八メートルは静岡県では最高層。いわゆる地方都市でこれほどの高層建築は珍しく、平成六年のオープン当初、これに匹敵する高さのビルは名古屋市にすらなかったほどである。

展望回廊は地上一八五メートルの四十五階。北から西にかけて浜松の中心市街地が広がり、冬の晴天時には北東方向に富士山が見えることも。北の直下は空間が多いが、これはアクトシティ建設を端緒とする駅前再開発により設計された地域であるため。南は茫洋たる遠州灘。海までわずか四キロの距離だ。

【DATA】

アクトシティ浜松（オークラアクトシティホテル浜松展望回廊）

静岡県浜松市中区板屋街 111-2

◉アクセス…JR 東海道本線浜松駅から徒歩 3 分

◉ 10:00 ～ 18:00（最終 17:30）／土・日曜休（5/3 ～ 5、12/31 ～ 1/3 は営業）／入館料 500 円

TEL053-459-0111

第2章 大井川鉄道

◉大井川鉄道大井川本線神尾駅

川根路は入口から眺望絶佳　地蔵峠

❖金谷から二十分の秘境駅

鉄道ファンだけでなく、一般観光客にも人気が高い大井川鉄道。ＳＬが走る南部の大井川本線、小さなトロッコで行く北部の井川線とも、雄大な大井川とのどかな山村風景が流れる車窓は、起点から終点まで飽きることがない。

そんな大井川鉄道には、立地や駅舎など、駅自体が見ものといえるところが多い。まずは、起点から五駅目にしてすでに秘境駅の雰囲気が漂う神尾駅。背後は急峻な山、目の前は大井川で、狭い場所にむりやり駅をつくったような細い島式ホームがあるだけ。近くに人家はなく、列車がやって来るとき以外は静寂に包まれている。

山間部の出入り口にあたる神尾は、源流部から何度も蛇行を繰り返してきた大井川が、最後の大蛇行を決めるところ。地図を見ると川がΩ型に曲がり、半島状になっている。神尾駅は半島の付け根に位置する。

❖弧を描く川と茶畑の広がる丘

神尾駅から一キロのところに、茶畑に囲まれた神尾集落がある。駅を利用するのはもっぱらこの集落の人だ。そこからさらに一キロ山道を登ると、標高二五〇メートルの地蔵峠に出る。地名ゆかりの地蔵堂を見つつ国道四七三号へと行けば、南方向に眺望が開けた場所がある。眼下には神尾駅が小さく見え、正面には大きく弧を描く大井川、そして牧之原台地へと続く丘が一望できる。

せっかく登って神尾駅まで戻るのはもったいないので、福用《ふくよう》駅まで歩くのがいいだろう。距離も峠から約二・六キロと手頃。国道から上流方向の眺めもよい。

神尾駅

地蔵峠から直下の神尾駅を見下ろす。大井川を下るボートの姿も

地蔵峠の北から上流を望む。左奥が福用の集落、真下を列車が通過する

【DATA】

所在地／静岡県島田市神尾

◉絶景ポイントまで…神尾駅から約 2.0km

◉車…東名高速相良牧之原 IC →国道 473 号経由→現地（約 17km）

黒煙を吐いて SL が茶畑を進む

◉大井川鉄道大井川本線抜里《ぬくり》駅

茶畑の中の駅と列車　抜里集落

島田市川根町と榛原郡川根本町は「川根茶」の産地。大井川鉄道の沿線では、開けた土地が少しでもあると、そこには必ずといっていいほど茶畑がある。朝霧の立つ大井川流域は良質な茶の栽培に適した地。江戸時代初期に茶生産が広まり、昭和三十年代頃に「やぶきた種」が普及する頃から、全国有数のブランド茶として名声が高まったという。

茶畑は沿線の広範囲に点在しているが、中でも抜里駅周辺で見られる茶畑は規模が大きく、なかなか壮観だ。新茶のシーズンには、近くの製茶工場から茶葉の香りが漂う。

【DATA】

所在地／静岡県島田市川根町抜里

◉絶景ポイントまで…抜里駅から約 0.2km

◉車…東名高速相良牧之原 IC →国道 473 号経由→現地（約 27.5 km）

弧を描く橋そのものの姿も美しい

◉大井川鉄道大井川本線塩郷駅

線路と川をまたぐ大吊り橋　久野脇橋（恋金橋）

大井川鉄道の沿線に吊り橋はいくつもあるが、塩郷駅のすぐ上流に架かる「恋金橋」こと久野脇橋は、アクセスの便利さもあいまってもっとも有名だ。久野脇は塩郷駅の対岸にある集落で、大井川中流の大蛇行「鵜山の七曲《ななまがり》」の北端に位置している。

架橋は鉄道の開通間もない昭和七年。長さ二二〇メートルは大井川流域の吊り橋で最長。板は一人分の幅しかなく、川からの高さは約一一メートルもある。下から見上げるとどうということもないようだが、実際に渡ってみるとなかなかのスリルだ。橋の下を列車が通過するのもおもしろい。

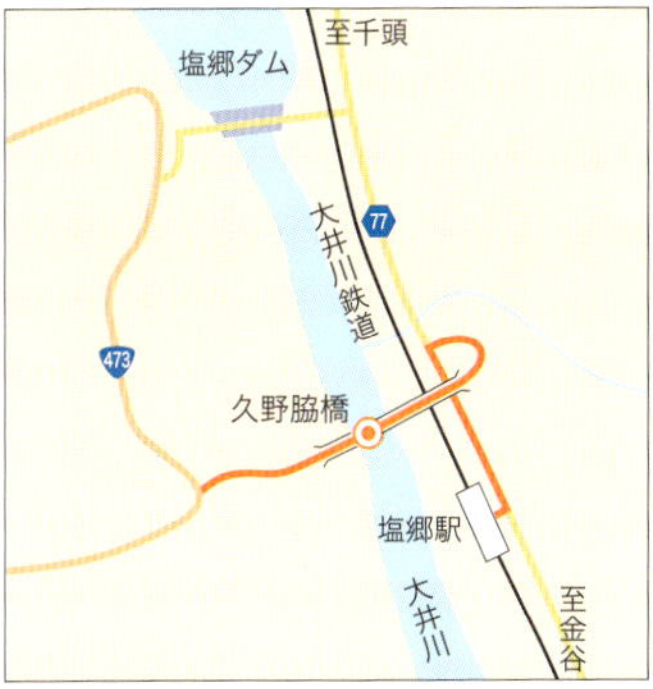

【DATA】

所在地／静岡県榛原郡川根本町下泉〜久野脇

◉絶景ポイントまで…塩郷駅から約 0.2km

◉車…東名高速相良牧之原 IC →国道 473・県道 63・77 号経由→現地（約 34km）

◉大井川鉄道大井川本線千頭駅《せんず》

模型のような駅を見下ろす

智者《ちしゃ》の丘公園

❖山間のターミナル、千頭

千頭駅は、ＳＬの終点にしてトロッコ列車の起点。川幅の広い大井川も、ここから先は細く深い峡谷となり、地形はことさら険しくなる。

大井川鉄道が建設されたのは、沿線の特産である木材、木炭、茶の輸送が目的のひとつだった。実は当初の計画では、やや下流の駿河徳山駅対岸の藤川に終点が置かれるはずだった。しかし、千頭は古くから林産物の集散地で、藤川よりも広い土地が河畔にあることから、工事途中で終点が変更されている。

おかげで、狭隘《きょうあい》な山間部には珍しい、広々とした駅が完成した。大井川本線の開通は昭和六年で、数年後には井川線の前身である大井川電力専用鉄道、千頭森林鉄道が乗り入れ、一大ターミナルとなった。

❖登山道を歩いて公園へ

千頭駅から北東方向を見ると、山の中腹に小公園があることに気づく。「智者の丘公園」で、大井川中上流域で指折りの眺望ポイント。「智者の丘」は、標高一二九一メートルの智者山にちなんだ名称である。

千頭駅前に架かる長い川根大橋を渡り、対岸の小長井集落外れにある登山口まで約十五分、そこから公園まで登山道を約二十分。敷地内でもっとも眺望のよい場所に、「スカイウォーク」と名付けられた展望台が設置されている。

ここから眺められるのは大井川下流方向の風景。真下は小長井集落、大井川を挟んで対岸は千頭集落で、模型のような千頭駅も一望。時間を見計らって、山あいに響きわたるＳＬの汽笛をここで聞いてみたい。

千頭駅

橋の右奥が川と山の間いっぱいに
広がる千頭駅。左岸は小長井集落

千頭集落の真下を進む井川線の列車

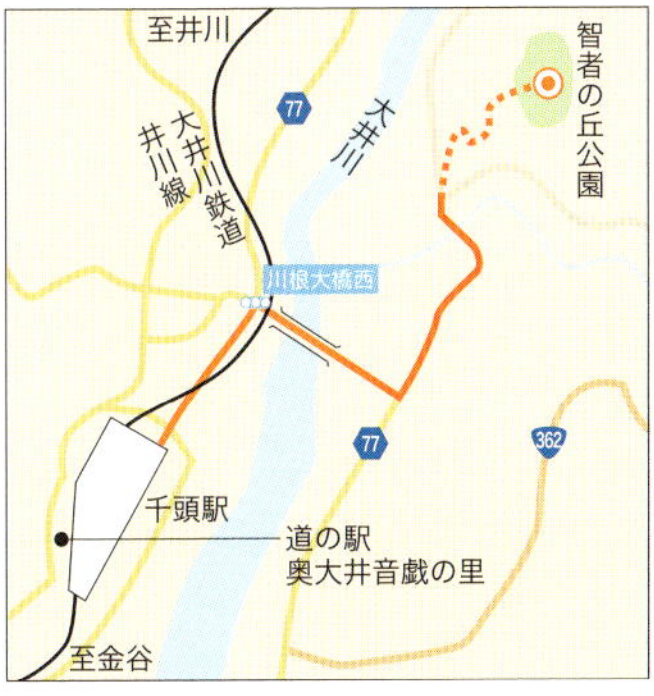

【DATA】
所在地／静岡県榛原郡川根本町東藤川
◉絶景ポイントまで…千頭駅から登山口まで約 0.9 km、登山口から智者の丘公園まで登山道を約 20 分
◉車…東名高速相良牧之原 IC →国道 473・県道 77 号経由→現地（約 55km）

◉大井川鉄道井川線アプトいちしろ駅

トロッコ列車が急勾配を行く

アプト式鉄道

❖日本一の急勾配区間

千頭－井川間二五・五キロをトロッコ列車で結ぶ井川線は、戦前に大井川電力専用鉄道として一部が、昭和二十九年に中部電力専用鉄道として全線が開通。昭和三十四年に大井川鉄道として旅客営業を開始した。全線開通当初は、井川ダムやその上流にある畑薙ダムの建設資材運搬が中心だったが、次第に登山客や観光客が増えていった。

その井川線の最大の名所が、アプトいちしろ－長島ダム間のアプト式鉄道だ。アプト式とは、線路の間に歯形レールを敷き、歯車を付けた機関車に噛ませて急勾配を登る鉄道のことで、日本ではここが唯一。平成二年、長島ダムの建設に際して五・六キロが新線に付け替えられ、九〇パーミルという日本一の急勾配となったこの区間に、アプト式が採用された。

❖駅付近に二カ所の眺望ポイント

アプトいちしろ駅にはアプト式電気機関車の車庫があり、連結がおこなわれる。この駅から県道に通じる林道を五分ほど登ると、アプト区間を正面から見渡せる場所がある。山肌にへばりつくように建設された路線を、列車がゆっくりと登り下りする光景は見ものだ。

もう一カ所、おもしろい眺望ポイントはアプトいちしろキャンプ場。駅の千頭寄りに遊歩道化された旧線のトンネル入口があり、これを通ってキャンプ場へ行く。駅には遊歩道利用者向けの懐中電灯が常備されているので安心だ。河畔のキャンプ場からは、アプト区間を下から見上げる形になり、いかに急勾配であるかがよくわかる。

アプトいちしろ駅

←林道からアプト式区間を望む。トンネルを出てきた上り列車

キャンプ場から見たアプト式区間。驚くほどの急勾配を列車が行く

【DATA】

所在地／静岡県榛原郡川根本町梅地

◉絶景ポイントまで…アプトいちしろ駅から林道のポイントまで約0.4km、旧線トンネル遊歩道を経由してアプトいちしろキャンプ場まで約0.5km

◉車…千頭駅→県道77・388号経由→現地（約8km）

遊歩道化された旧線のトンネル

正面から見た長島ダム

◉大井川鉄道井川線長島ダム駅

列車が横付けする巨大ダム　長島ダム

九〇メートルの標高差を登ったアプト式鉄道の終点は、長島ダム駅。路線付け替えのきっかけとなった長島ダムの堤体と同じ高さにある。ダム計画のはじまりは昭和四十七年。竣工は路線付け替えから十二年も後の平成十四年と、完成までに長い年月を要した。大自然の中に突如現れる巨大なコンクリート建造物は、威容ではあるが、異様とも言える。

ダム上には展望スペースがあり、ここからも急勾配を行く列車が眺められる。県道市代橋付近からは駅自体の眺望もよい。また、アプトいちしろ駅から旧線トンネル、ダム直下の公園を経て長島ダム駅に至る遊歩道が整備されている。

【DATA】
所在地／静岡県榛原郡川根本町犬間～梅地
◉絶景ポイントまで…長島ダム駅から長島ダムまで約 0.1㎞。市代橋まで約 0.6km
◉車…千頭駅→県道 77・388 号経由→現地（約 9km）

大井川鉄道井川線奥大井湖上駅

湖上に孤立する絶景の駅　接岨湖《せっそ》

観光用に誕生した駅

アプト式鉄道に続く井川線の名所が奥大井湖上駅。ここも長島ダム建設に伴う付け替え区間の一部である。

この駅は、鋭角に蛇行する大井川に挟まれた、脊梁《せきりょう》の先端部につくられている。接岨湖（長島ダム湖）の北端に位置することからこの駅名が付けられ、ホームの両端は「レインボーブリッジ」という鉄橋になっている。ホームには簡素な待合室と観光地でよく見られるベル、駅裏には休憩所兼展望台の「レイクコテージ」があるだけで、完全に観光用として設けられた駅だ。

とにかく周辺にはなにもない。景色はいいが何もなさすぎて、もし次の列車をここで待つだけだと少々退屈するかもしれない。

鉄橋を渡って遊歩道へ

そこで、絶景ポイントへ歩いて行ってみたい。井川方向に架かる鉄橋には歩行者用の通路があり、対岸へ渡ることができる。一般の人が渡れる鉄道橋も珍しく、貴重な経験だ。

線路は鉄橋を渡るとトンネルに吸い込まれてゆくが、遊歩道は崖に設置された急傾斜の階段へと続く。これを登ると木立の中に整備された遊歩道で、健脚の人で五分ほど登れば旧県道に出る。この旧県道が、奥大井湖上駅を一望できる定番の展望スポット。トロッコ列車が、長い鉄橋をゆっくりと渡って孤立した駅に到着する光景は、鉄道ファンならずとも息をのむ。

ここから次の接岨峡温泉駅までは約一・六キロと遠くない。近くには立ち寄り温泉施設「接岨峡温泉会館」もある。

奥大井湖上駅

まさに湖の上に浮かぶ駅。赤い鉄橋が映える

【DATA】
所在地／静岡県榛原郡川根本町梅地
◉絶景ポイントまで…奥大井湖上駅から徒歩 10 分
◉接岨峡温泉会館…開館時間 10:00 ～ 20:00 ／第 1・3 木曜休／入館料 300 円／ TEL0547-59-3764
◉車…千頭駅→県道 77・388 号経由→現地（約 12km）

遊歩道から鉄橋と駅を望む

新接岨大橋から接岨峡をのぞきこむ

◉大井川鉄道井川線閑蔵《かんぞう》駅

深く険しい大井川上流の渓谷　接岨峡《せっそきょう》

接岨峡温泉より先、終点の井川まで続く渓谷は、接岨峡と呼ばれる。接岨とは「険しく切り立って人を阻む」の意味といい、列車から眺めるとその深さ、険しさが実感できる。

この渓谷を下りて眺めるなら、終点一つ手前の閑蔵駅がよい。駅のすぐ近くに川を跨ぐ新接岨大橋が架かり、橋の上から深く美しい渓谷を見下ろすことができる。駅からは見えないが、橋の近くには民家も数軒あり、こんな場所にと驚かされる。

なお、尾盛－閑蔵間に川からの高さ日本一の関の沢鉄橋があり、林道沿いに展望台があるが、道路崩落のため平成二十二年二月現在通行止めとなっている。

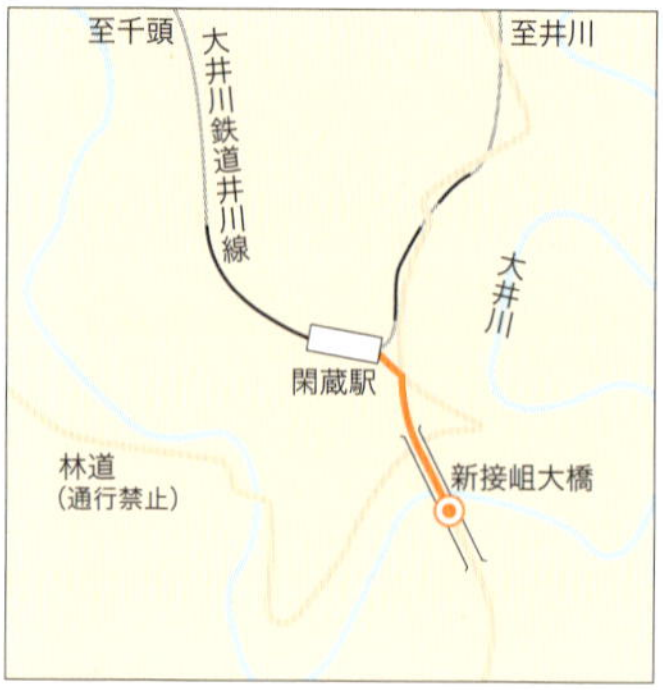

【DATA】

所在地／静岡県静岡市葵区～榛原郡川根本町

◉絶景ポイントまで…閑蔵駅から約 0.2km

◉車…千頭駅→県道 77・388 号経由→現地（約 15km）

第3章

飯田線

牛渕橋から見た寒狭川・宇連川
合流点。列車の背後が長篠城址

◉JR飯田線鳥居駅

「長篠の合戦」の舞台を一望する　長篠城址

飯田線の山間部区間の入口一帯は、戦国時代の激戦地である。駅名にもある長篠城は、天正三年（一五七五）の「長篠の合戦」の舞台。徳川方の奥平貞昌の居城で、武田勝頼に攻め込まれるもわずかの兵で守り抜いた。このとき、家康へ援軍を求め鳥居強右衛門《すねえもん》がひそかに城から抜け出し、帰路、武田軍に捕らえられ磔《はりつけ》にされている。ちなみに鳥居駅は地名ではなく、強右衛門の史跡にちなんだもの。

鳥居駅の東にある牛渕橋からは、長篠城址の地形がよくわかる。二つの深い川が合流する崖の上に城跡があり、天然の要害であることが一目瞭然である。

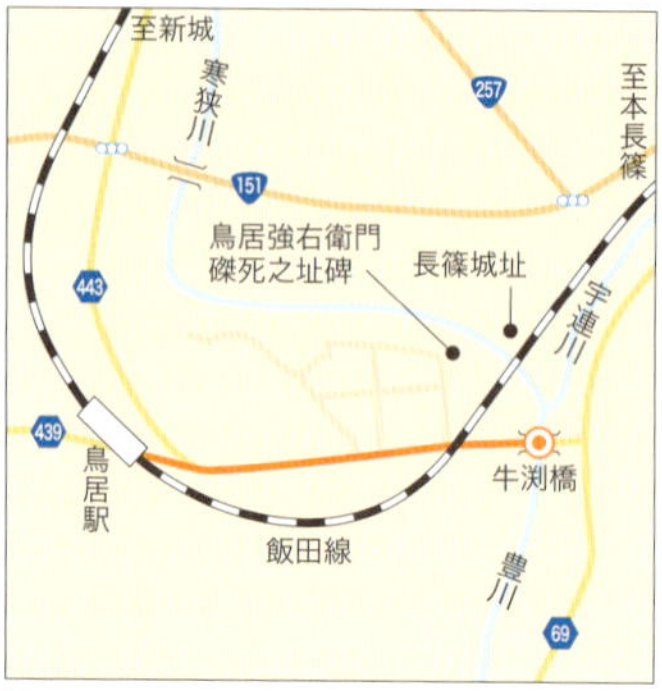

【DATA】
所在地／愛知県新城市有海
◉絶景ポイントまで…鳥居駅から約 0.6km
◉車…東名高速豊川IC→国道 151・県道 439 号経由→現地（約 19km）

薬師如来から眺める宇連川と湯谷温泉街

◉JR飯田線湯谷《ゆや》温泉《おんせん》駅

千三百年の歴史ある温泉と板敷川　宇《う》連《れ》川

鳳来寺山麓の湯谷温泉は、千三百年前、鳳来寺山を開山した利修仙人が発見し、修行の合間に浴したと伝えられる。静かな山あいに、清流の音と時に列車の音が聞こえ、どこか鄙びた風情が好もしい。温泉街を流れる宇連川は、河床の岩盤が板を敷き詰めたように見えることから「板敷川」とも呼ばれ、川の流れをより美しく見せている。

宇連川の周辺は散策が楽しい。高台にある薬師如来石像からは、温泉街と渓谷を一望。その真下に架かる吊り橋「浮石橋」を渡り、対岸の川岸に続く遊歩道も、清流を間近に感じられて爽快だ。

【DATA】
所在地／愛知県新城市豊岡
◉絶景ポイントまで…湯谷温泉駅から約 0.2km
◉車…東名高速豊川 IC →国道 151 号経由→現地（約 30km）

●JR飯田線相月《あいづき》駅

駅から山道を登り山上の集落へ　横吹《よこぶき》集落

❖飯田線は秘境地帯

遠州地方の山間部には、とんでもない高所に開かれた集落が点在する。低い箇所を走る飯田線からはあまり見えないが、トンネルの合間や停車した駅から遥か山上に民家が見えることがあり、驚かされる。

飯田線沿線には、絶景が楽しめる秘境の集落は数多い。それらの集落は駅から山道をかなり登らねばならないので、訪れようと思うならば時間と体力が必要となる。ここではその中で駅から比較的近い、天竜区佐久間町の横吹集落を勧めたい。

最寄りの相月駅は、トンネルとトンネルに挟まれた片面ホームのみの駅。谷底に位置しており、ホームから北西方向を見上げると、山の中腹に点々と民家が見える。それが横吹だ。ここは、信州と火防の神秋葉神社（浜松市天竜区春野町）を結ぶ「秋葉街道」沿いの集落。今では想像がつかないが、多くの旅人が行き交った時代もあったという。

❖山道の先に絶景が待つ

国道一五二号を水窪《みさくぼ》方面に進み、国道と並走する旧道の橋で水窪川を渡る。橋を渡ったところから、人しか歩けない山道へ入り、二十分ほど登ると集落の一番下に出る。ここが絶景ポイントのひとつ。眼下に小さく飯田線の鉄橋と相月駅も見える。

民家はここからさらに上へ約百メートルのところにまで点在し、ところどころ階段状になった細い道が斜面を這うように続いている。登り下りは大変だが、秘境の暮らしが垣間見えて興味深い。

飯田線の旅に慣れてきたら、地形図を片手に他の集落を訪ねてみてはいかがだろう。

相月駅

←横吹集落からの眺め。飯田線は遥か眼下を通る

車道が尽きても集落は上へ上へと続く

【DATA】
所在地／静岡県浜松市天竜区佐久間町奥領家
◉絶景ポイントまで…相月駅から約 2.0km
◉車…東名高速浜松 IC →県道 65・45・国道 152 号経由→現地(約 53.5km)

駅と横吹集落を最短距離で結ぶ山道

城西大橋からS字鉄橋を望む。
飯田線で人気の撮影地のひとつ

◉JR飯田線城西《しろにし》駅

対岸に渡るようで渡らない　第六水窪川橋梁

飯田線の名所のひとつに、城西－向市場《むかいちば》間の「S字鉄橋」こと第六水窪川橋梁がある。水窪川左岸を走る線路が、城西駅の先で右岸に渡ったかと思いきや、すぐ左岸へ戻ってしまう区間で、「渡らずの鉄橋」とも呼ばれている。

建設時は左岸にトンネルを掘っていたのだが、ここを通る大断層「中央構造線」により地質が脆《もろ》く、工事中のトンネルが崩落したため、やむなくこのような形状にしたもの。

眺望ポイントは城西駅の少し北、国道一五二号と対岸の向皆外《むかがいと》集落を結ぶ「城西大橋」がベスト。

【DATA】

所在地／静岡県浜松市天竜区佐久間町奥領家

◉絶景ポイントまで…城西駅から約0.4km

◉車…東名高速浜松IC→県道65・45・国道152号経由→現地(約53.5km)

◉ＪＲ飯田線大嵐《おおぞれ》駅

絶景の中にある小さな里　旧富山《とみやま》村

❖もと「日本一のミニ村」

愛知県の北東端、静岡・長野と県境を接する旧富山村は、離島を除く日本最小人口の自治体としてその名を知られていた。平成十七年の人口はわずか二一五人。平成の大合併で豊根村と合併し、村名も最小人口のタイトルも過去のものになってしまったが、アクセスはいまだ容易ではなく、秘境の村の風情はいささかも変わっていない。

昔から人口の少ない旧富山村だったが、それでも最盛期には千人の人が暮らしていた。人口を減少させた最大の要因は昭和三十一年に完成した佐久間ダム。このダムによって飯田線のルートが大幅に変わったことはよく知られているが、富山村では半数以上の家が水没し、移転を余儀なくされたのである。

❖県境の橋を渡って富山へ

村の玄関駅は、両端をトンネルに挟まれた大嵐駅。静岡県にありながら、利用客のほとんどが愛知県に用があることでも有名だ。駅前の鷹巣橋を渡れば愛知県。大きく蛇行する天竜川沿いの細々とした県道を行くと、やがて官公署が集まる旧富山村の中心部へと入ってゆく。

富山の中心地区は、山の斜面に民家が散らばっている。家々の間には茶畑や自家用の小さな野菜畑が点々とあり、その間を細い道が巡らされている。中には階段状の村道もあり、平地の少ない富山らしい。

県道から分かれるそれらの道を少し登れば、どこも絶景ポイントのようなもの。村のランドマーク的な全天候型運動場を有する富山小中学校の西あたりからだと、村の全貌と天竜川を一望できる。

大嵐駅

天竜川に面した富山の中心地区。この下流にあった集落はダムで水没した

こうした細い道が家々を結んでいる

【DATA】

所在地／愛知県北設楽郡豊根村富山

◉絶景ポイントまで…大嵐駅から約 1.8km

◉車…中部天竜駅→県道 1 号経由→現地（約 25km）

●JR飯田線中井《なかい》侍《さむらい》駅

茶畑に包まれた信州南端の秘境　中井侍集落

❖静寂の中の秘境駅

飯田線の大嵐－天竜峡間は天竜川に沿ってひたすら山深いところを走る、この路線のハイライト区間。建設は前身の三信鉄道が担ったが、中央構造線に沿った急峻な地形で、日本の鉄道建設史上、屈指の難工事といわれた。五十四名もの死者を出し、昭和十二年にようやく開通した。

険しい土地だけあって、この間にはいわゆる「秘境駅」が連続する。そのひとつが中井侍駅。豊橋方面から来ると長野県に入って最初の駅であり、南北に長い長野県の最南端の駅でもある。

ホームは山の斜面を削り強引につくられたような風情。ホームの下には茶畑が開かれ、さらにその下には天竜川が流れる。駅は緑と静寂に包まれている。

❖急傾斜に広がる茶畑

駅に降りただけではここに集落があると思えないが、ホームの端から続く山道を登り、木立を抜けると視界が開け、急斜面に民家に点在していることがわかる。谷底の駅から最も高所にある民家までの高低差は二百メートル。ジグザグ式の道を登り、集落の最上部から見おろせば、遥か眼下に流れる天竜川や、川沿いに細々と延びる線路が見える。この地形の険しさから、暮らしの厳しさも垣間見える。

集落は全体が茶畑で覆われているかのよう。ここは下伊那地方で有数の茶産地で、天竜川の川霧と日当たりの良さが茶の栽培に好適なのである。中井侍産の茶は三駅北の平岡駅構内売店で購入できる。

中井侍駅

絶壁に近い斜面に切り開かれた茶畑が美しい。
駅があるのは遥か谷底

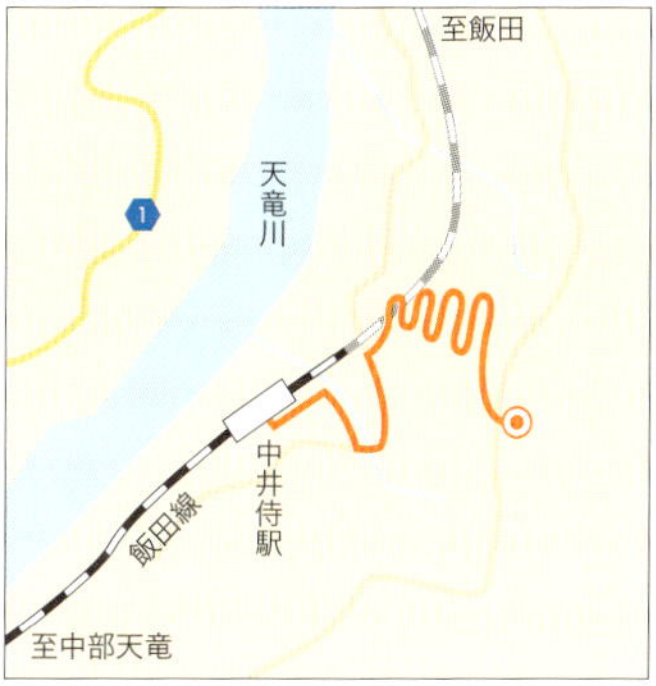

小さな道が茶畑の中へと延びる

【DATA】
所在地／長野県下伊那郡天龍村平岡
◉絶景ポイントまで…中井侍駅から約 1.0km
◉車…三遠南信道天竜峡 IC →国道 151・県道 244・1・国道 418 号経由→現地（約 36.5km）

平岡は信州の南の玄関口。
公共機関や商店が集まる

◉JR飯田線平岡駅

山奥に突如出現する〝町〟 平岡地区

飯田線の県境地帯で秘境鉄道の雰囲気を味わっていると、やがて視界が突如開け、平岡駅に到着する。人家の稀な土地を走ってきたので、大きな町に見える。駅舎も飯田線には珍しい鉄筋三階建て、日帰り温泉と宿泊施設を併設した立派なものだ。

山深い信州南部は林業が昔から主産業で、かつて木材は川に流して下流の遠州へと送られていた。天竜川と遠山川の合流点にある平岡は、木材の集散地として栄えた歴史を持つ。

駅から下流方向へ少し行くと、町の全景を見渡せるポイントがある。また、駅北東の山上に鎮座する満島神社へ続く道からの眺めもいい。

【DATA】
所在地／長野県下伊那郡天龍村平岡
◉絶景ポイントまで…平岡駅から約 0.5km
◉車…三遠南信道天竜峡 IC →国道 151・県道 244・1・国道 418 号経由→現地（約 28.5km）

県道沿いにある棚田。奥に見えるのが南宮大橋

◉JR飯田線温田《ぬくた》駅

天竜川を見下ろす棚田　旧南宮《なんぐう》峡付近

温田駅界隈は、平岡ほど人家は密集していないが、対岸に病院や高校があり、阿南町方面へのバスも連絡しているので、利用者が比較的多い。駅の近くに架かる斜長橋の南宮大橋が、山あいの町に独特の雰囲気をつくりだしている。

南宮大橋の周辺は戦後の一時期、「南宮峡」の名で呼ばれた観光地だったことがある。平岡ダム湖の北端に位置し、満面に水を湛えていたのだが、昭和三十六年の豪雨による土砂堆積でダム湖の景観が損なわれ、観光開発が頓挫した。

温田駅北の高台から、この旧南宮峡一帯が一望できる。今の眺めのほうが、澱んだダム湖よりも美しいのではないだろうか。

【DATA】
所在地／長野県下伊那郡泰阜村
◉絶景ポイントまで…温田駅から約0.8km
◉車…三遠南信道天竜峡IC→国道151・県道244・1号経由→現地（約21km）

●ＪＲ飯田線天竜峡駅

気軽に歩ける駅前の渓谷　天龍峡

❖名付け親は幕末の漢学者

　天龍峡は、飯田線の難所区間から伊那谷へと風景が転換するその結節点にある。古くから景勝地として知られていたこの渓谷を「天龍峡」と名付けたのは、備中生まれの漢学者阪谷朗盧《さかたにろうろ》で、弘化四年（一八四七）のこと。朗盧が飯田の友人を訪ねた際、当地の郷医に連れられこの峡谷に遊び、『遊天龍峡記』と題した紀行文に天龍峡の名を記したのが初見である。

　以後、多くの文人墨客が訪れ、南信州の名所として広く知られるようになってゆく。昭和三年には伊那電気鉄道（飯田線の前身のひとつ）の天竜峡駅が開業。そして昭和九年に国の名勝に指定され、その名は不動のものとなった。

❖断崖上にある展望台

　天龍峡には、駅を起点とする一周約一時間弱の遊歩道が設けられている。駅前の姑射橋《こや》や、遊歩道の奥の「つつじ橋」などは眺めのよいポイント。「龍角峯《りゅうかくほう》」の断崖上に設けられた展望台からは天龍峡全体が見渡せ、また遠くには中央アルプスの山並みも眺められる。

　姑射橋や龍角峯は朗盧の案内でここを訪れた明治の書家・漢詩人の日下《くさ》部鳴鶴《かべめいかく》が命名したもの。鳴鶴は十の奇岩を選んで「天龍峡十勝」とし、自身の書をそれぞれに刻んだ。これらは「天龍峡磨涯の碑」と呼ばれて見所になるも、現在は文字のほとんどが土砂に埋もれている。

　また、天龍峡といえば和船で川を下る「天竜ライン下り」も有名。駅の対岸が乗船場で、天龍峡を経て三駅南の唐笠《からかさ》まで約五十分。通年運航されている。

天竜峡駅

←天龍峡十景のひとつ、龍角峯の上から天龍峡を望む。奥の橋は姑射橋

天龍峡を下る遊覧船。静かな渓谷に櫓の音が響く

【DATA】

所在地／長野県飯田市川路～龍江

◉絶景ポイントまで…天竜峡駅から龍角峯まで約 0.6km

◉天竜ライン下り…1 日 8 便（冬季は予約制・2 便）／乗船料 2900 円／ TEL0265-27-2247

◉車…三遠南信道天竜峡 IC →国道 151・県道 492 号経由→現地（約 2km）

対岸から見た龍角峯

一面の赤そば畑の向こうを列車が駆け抜ける

◉ＪＲ飯田線伊那田島駅

ヒマラヤ生まれの可憐な花　田島の赤そば畑

天竜峡駅で秘境区間を抜けると、飯田市街を経て右手に南アルプス、左手に中央アルプスを望みながら伊那谷を北上する。山並みだけでなく水田や果樹園、そば畑なども次々と現れ、四季折々に贅沢な車窓風景が楽しめる。

伊那田島駅付近では、九月中旬から十月にかけて赤そば畑を見ることができる。伊那谷の赤そばは「高嶺《たかね》ルビー」と呼ばれる品種で、信州大学の教授が昭和六十二年にヒマラヤから持ち帰り品種改良したもの。北部の箕輪町にも赤そば畑の名所があるが飯田線から遠く、こちらは駅から徒歩五分の近さ。開花期間は「赤そば花まつり」も開催される。

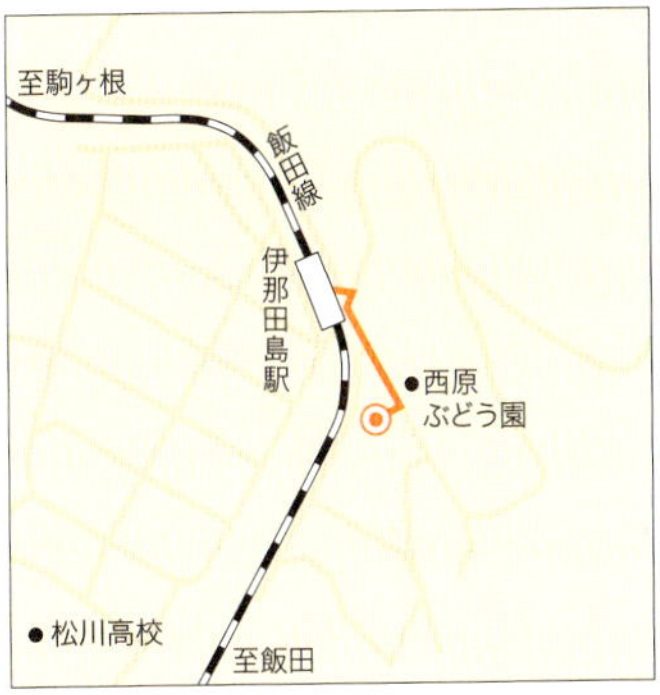

【DATA】
所在地／長野県上伊那郡中川村田島
◉絶景ポイントまで…伊那田島駅から約 0.3km
◉車…中央道松川 IC →県道 15 号経由→現地（約 5km）

七久保駅の北西付近より望む
中央アルプス。左端が烏帽子岳

◉JR飯田線七久保《ななくぼ》駅

二つのアルプスを眺めて　七久保の田園

二つのアルプスが見える上伊那地方の飯田線でもっとも眺望のよい区間は、高遠原《たかとおばら》－田切《たぎり》の飯島町内だろう。住宅が密集しない高台の農村地帯を進むため、眺望が遮られないのだ。

とりわけよいのが七久保駅周辺。このあたりは果樹や花卉《かき》栽培に加えて稲作が盛んで、ゆるやかな傾斜地に水田が広がっている。とくに実りを迎える秋には、中央アルプスに向かって一面が黄金色に輝き、飯田線と県道飯島飯田線に挟まれた一帯は、とくに眺めが素晴らしい。見える山々は、烏帽子《えぼし》岳、南駒ヶ岳、空木《うつぎ》岳など。振り返れば南アルプスの山並みが連なっている。

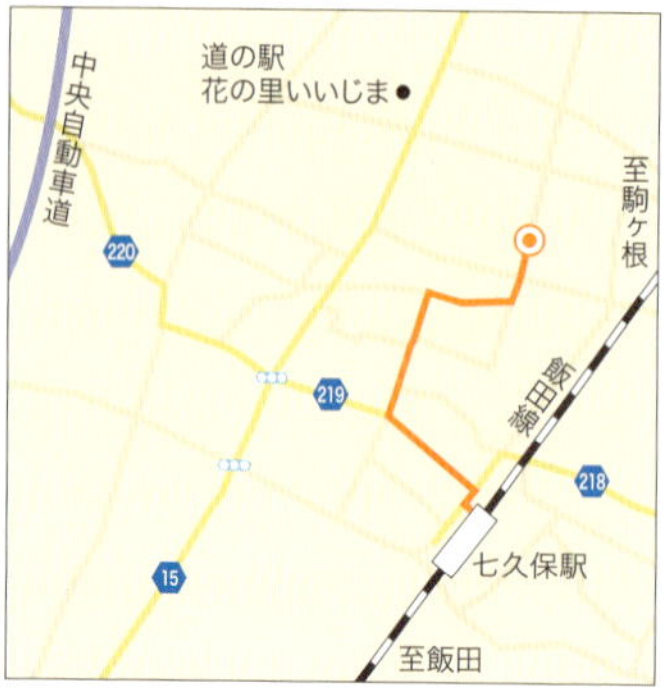

【DATA】

所在地／長野県上伊那郡飯島町七久保

◉絶景ポイントまで…七久保駅から約 0.6km

◉車…中央道松川 IC →県道 15 号経由→現地（約 7.5km）

南アルプスの山々を背にした
広大なそば畑

◉JR飯田線伊那本郷駅

白い絨毯《じゅうたん》が広がる伊那谷の秋　本郷のそば畑

先に紹介した赤そばは栽培地が限られているが、一般的な白いそばの花は、場所を限らず上伊那地方のあちこちで見ることができる。飯田線周辺でもっとも面積の広い栽培地のひとつは、伊那本郷駅西の高台一帯。九月中旬から十月が見頃で、山並みを背に白い花が一面に咲き、別天地にいるかのようだ。

上伊那地方は、信州そばの発祥地である。奈良時代、修験道の開祖である役小角《えんのおづぬ》が西駒ヶ岳へ修行に向かう際、内の萱村（現在の伊那市）の人にもてなしを受けた礼に、高冷地でも栽培できるそばの実を渡した。村人が育てたそばは「行者そば」と呼ばれ、のちの修験者たちが信州各地にこれを広めたという。

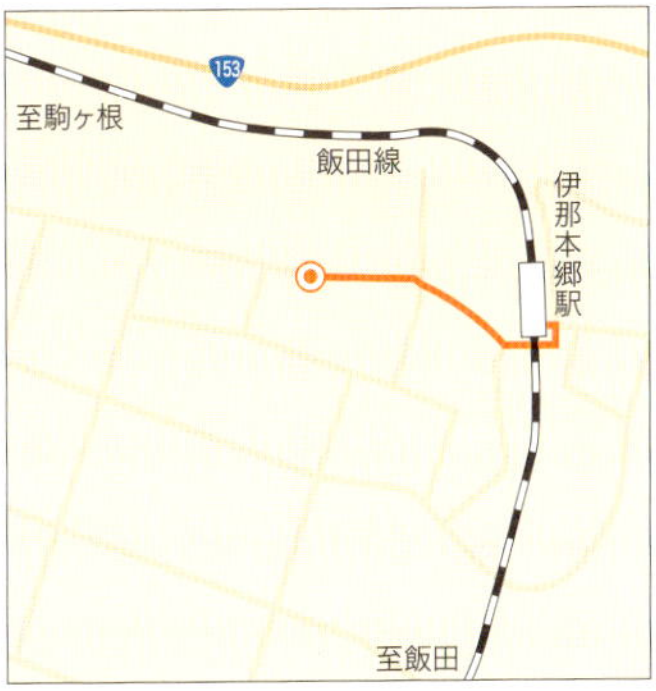

【DATA】
所在地／長野県上伊那郡飯島町本郷
◉絶景ポイントまで…伊那本郷駅から約0.6km
◉車…中央道松川IC→県道15号経由→現地（約9.5km）

大田切川橋梁を渡り大田切駅に
進入する列車

◉JR飯田線大田切《おおたぎり》駅

東西日本文化の境界線　大田切川

飯田線北部で山並みを眺めるポイントは枚挙に暇がないが、あえて一カ所、駅の近くで挙げるなら大田切駅だ。駅のすぐ北では、中央アルプスと大田切川の鉄橋を渡る列車が、容易に写真に収められる。

大田切川は東西日本文化の境界線といわれている。川より北は東日本文化圏、南は西日本文化圏で、同じ伊那谷でも方言や生活習慣にさまざまな違いがあるという。現在は宮田村と駒ヶ根市の境界、江戸時代には天領と高遠藩領の境界でもあった。

なお「田切」とは、傾斜地を流れる急流によって侵食された河岸段丘のことで、伊那谷の特徴的な地形である。

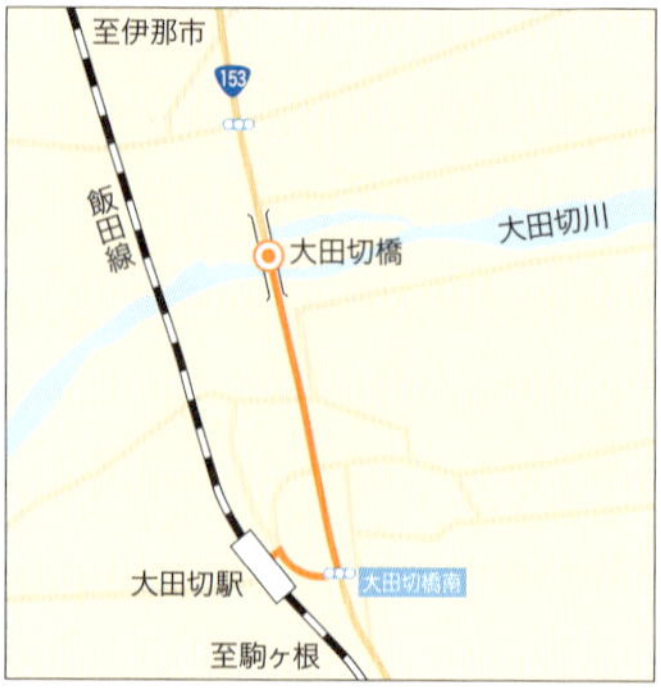

【DATA】
所在地／長野県駒ヶ根市赤穂
◉絶景ポイントまで…大田切駅から約 0.2km
◉車…中央道駒ヶ根 IC →県道 75・国道 153 号経由→現地（約 3.5km）

特集2

アルプスの見える駅

車窓の両側にアルプスが見える飯田線。じっくり山並みを眺めるなら、やはり途中下車したい。駅間距離が短いので、隣の駅まで歩いてポイントを探すのも楽しい。

◉**伊那大島駅**……南アルプスの登山口にあたる大鹿村への玄関駅で、登山客の利用も多い。駅は高台にあり、ホームから山並みが眺められる。飯田線では数少なくなった旧来型の駅舎も好印象。

◉**伊那田島駅**（P.59）……周囲に人家はほとんどない。駅前にはりんご、ぶどうの果樹園や赤そば畑が広がり、その向こうには中央アルプスの山並みが。もっとも伊那谷らしい風景を楽しめる駅のひとつ。

◉**高遠原《たかとおばら》駅**……伊那田島駅と同じく、ホームの裏はりんご畑、その向こうに険しい山並みが見える。周辺にはこれといった名所もないが、駅に佇んでいるだけで心地よくなる無人駅だ。

◉**七久保駅**（P.60）……駅から両アルプスを眺めるならここがベスト。とくにホームの東側は遮るものがないので、南アルプスがよく見える。駅舎内からは正面に南駒ヶ岳が見える。

◉**伊那福岡駅**……伊那谷特有の田切地形を越える飯田線名所のひとつ「Ωカーブ」の北側に位置する。近年改築された駅待合室のエントランスもΩをデザインしたもの。

◉**赤木駅**……伊那市の南端、水田と小集落の中に佇む片面ホームだけの小さな無人駅。南西方向に木曽駒ヶ岳・宝剣岳の連なりが眺められる。

第4章 愛知県

JR東海道本線二川《ふたがわ》駅

観音像とともに眺める豊橋平野　岩屋山

❖車窓に見える観音像

二川駅の少し西で、山上に立つ仏像が北側の車窓に見える。新幹線からも一瞬だけ見えるこの仏像は、岩屋観音と呼ばれている。

二川駅で下車し、右へ進むと東海道二川宿の古い町並み、左へ行くと岩屋観音が立つ岩屋山だ。岩屋山は全体が緑地公園になっており、岩屋観音があるのはその南西。静岡県境から続く山並みがちょうど尽きるところになる。

岩屋観音は天平二年（七三〇）、行基が千手観音を岩穴に安置したことが起源とされる。江戸時代には岡崎藩主池田綱政《つなまさ》の庇護を受けており、文化財も多い。山上の聖観音立像の初代は明和二年（一七六五）に造立された。しかし戦時中に供出され、戦後二代目が再建された。

❖市街地から大農業地帯まで

急峻な岩場の上に立つ観音像までは、歩道が通じている。足場がいいとはいえないので要注意。登り切って観音像の足もとに立つと、豊橋平野が一望できる。

西には豊橋市街地、その向こうに三河港、遠く田原市の蔵王山や田原沿岸部の風力発電機群。南から東は二川の町並みや、渥美半島から県境にかけての大農業地帯が広がっている。豊橋は、東三河の中心都市と、日本有数の農業算出額を誇る農業都市の二つの顔を持っているが、ここからの眺めはその両面を実感できる。

岩屋観音の東側にある岩屋山山頂にも展望台が設けられているので、ハイキング気分で登るのもいい。こちらからも三六〇度の眺望が楽しめる。

二川駅

観音像の足元から豊橋南部を望む。三河湾越しに見えるのは蒲郡市の西浦温泉

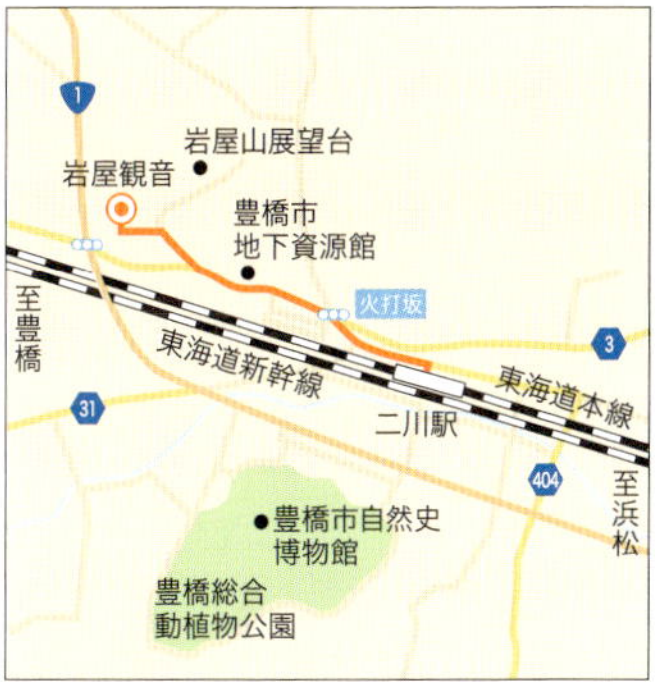

険しい岩山の上に立つ観音像

【DATA】
所在地／愛知県豊橋市大岩町
◉絶景ポイントまで…二川駅から約 1.4km
◉車…東名高速豊川 IC →国道 151・県道 400・国道 1 号経由→現地（約 16km）

◉JR東海道本線西小坂井《にしこざかい》駅・名鉄名古屋本線小田渕《おだぶち》駅

土手は菜の花に埋め尽くされて　佐奈川

東三河の花の名所では渥美半島の菜の花が知られているが、公共交通機関で行くには遠くてやや不便な点が難。アクセスの便利な場所なら、豊川市の南西部を流れる佐奈川がいい。

東海道本線の西小坂井－愛知御津《みと》間、あるいは名鉄の伊奈－小田渕間で渡る佐奈川は、数メートルの幅しかない小さな川なので、ほんの一瞬で通過してしまう。しかし、菜の花が堤防に咲く区間は、実に四キロ近く。のどかな農村地帯に黄色の絨毯が延々と続く風景は圧巻だ。見頃は三月から四月中旬。

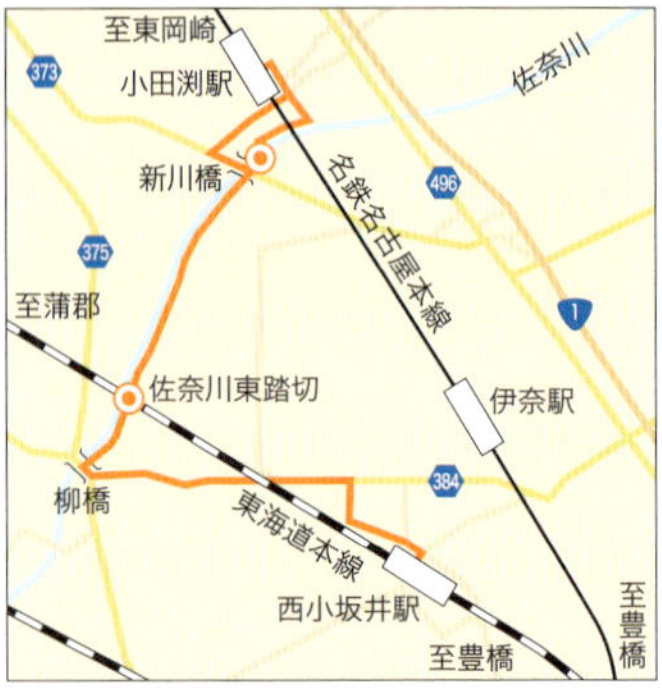

【DATA】

所在地／愛知県豊川市伊奈町

◉絶景ポイントまで…西小坂井駅から約1.7km、小田渕駅から約0.3km

◉車…東名高速豊川IC→国道151・1・県道373号経由→現地(約10km)

東海道本線の佐奈川東踏切付近。
未舗装の土手が農村風情を醸し出す

佐奈川を一瞬で渡る名鉄の特急列車。小田渕駅付近にて

諏訪町駅西で佐奈川を渡る豊川線の普通列車

◉名鉄豊川線諏訪町《すわちょう》駅

桜と菜の花の競演　佐奈川

前頁で紹介した佐奈川をさらに遡《さかのぼ》り、農村から豊川の市街地へ入ると、菜の花とともに桜並木が両岸に現れる。桜が続くのは、豊川市街を横断する約三・五キロ。その中ほどで、名鉄豊川線が川を渡る。

今でこそ流れの穏やかな佐奈川だが、戦前は大雨のたびに氾濫した。豊川に海軍工廠《こうしょう》が建設される際に大規模な改修が施されることになり、戦争を挟んで昭和二十七年に工事が完了。この桜並木はその完成を記念して植樹されたものである。

距離はあるが、西小坂井駅から諏訪町駅まで佐奈川沿いを歩いてみるのもいいだろう。

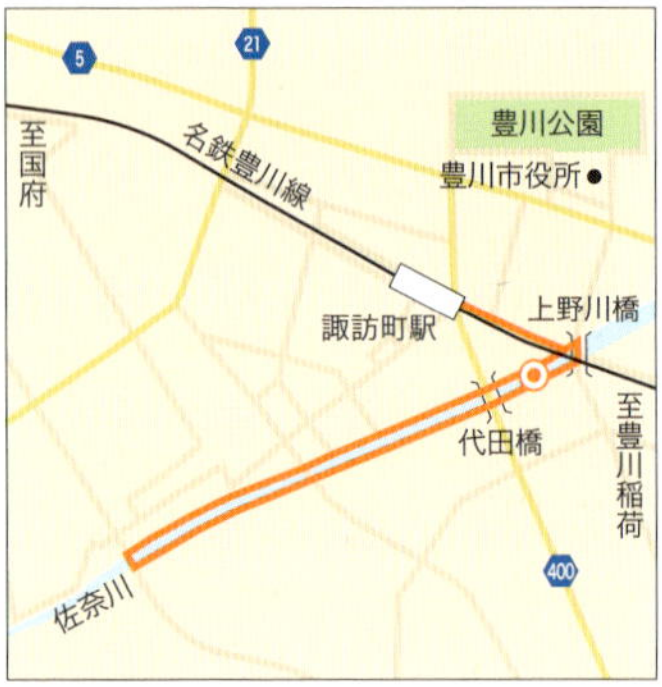

【DATA】

所在地／愛知県豊川市

◉絶景ポイントまで…諏訪町駅から約 0.3km

◉車…東名高速豊川 IC →国道151・県道 5・400 号経由→現地（約5.5km）

資料館駐車場から眺める三河湾の夕景。左は無人島の梶島

◉名鉄蒲郡線西幡豆《にしはず》駅

三河湾に浮かぶ島々を一望　幡豆海岸

平成十三年以降、風情あるローカル線がことごとく廃止された名鉄にあって、蒲郡線は最後の砦である。田園風景、三ヶ根山の山並み、時折見える三河湾と、派手さはないがのどかな車窓風景は現存する名鉄の路線で一番の味わいといっていい。もっとも、今後の動向は予断を許さないが。

三ヶ根山麓の幡豆町内には四つの駅があり、どの駅からも海は近い。なかでも西幡豆駅から徒歩十分ほどの資料館・図書館は、高台にあるので眺望がよい。三河湾を囲む知多、渥美の両半島や、湾内に浮かぶ島々が一望できる。三河湾にまつわる展示が多い幡豆町歴史民俗資料館にもぜひ立ち寄りたい。

【DATA】

所在地／愛知県幡豆郡幡豆町寺部

◉絶景ポイントまで…西幡豆駅から約 0.8km

◉幡豆町歴史民俗資料館

開館時間 9:00 ～ 16:30 ／月曜・年末年始休／入館無料

TEL0563-62-3102

◉車…東名高速音羽蒲郡 IC →三河湾オレンジロード・国道 247 号経由→現地（約 20.5km）

◉JR東海道本線蒲郡駅

明治からの由緒ある観光地　竹島

東海道本線沿線屈指の観光都市蒲郡で、竹島は今も昔もその中核的な存在だ。竹島は海岸の沖およそ四〇〇メートルに浮かぶ、一周六二〇メートルの小さな島。八百富《やおとみ》神社が鎮座し、全域が神社の社叢になっている。ここで見られる植物は対岸と異なり暖帯林特有のもので、国の天然記念物にも指定されている。

❖名士、文士も愛したその風光

そもそも蒲郡の観光開発も、この竹島から始まった。明治時代、名古屋で繊維問屋を営む大商人、滝信四郎《のぶしろう》が、竹島を望む風光明媚な場所に高級料亭旅館「常磐館」をオープンしたのが第一歩。皇族、華族、政財界人、文豪が続々と訪れ、やがて蒲郡の名が全国的に広まっていったのである。

❖橋を渡って竹島へ

竹島は三河三谷《みかわみや》駅と蒲郡駅のほぼ中間にあるが、蒲郡駅の方が若干近い。南口から国道二三号の南に並走する道路に出て東へ進むと、やがてこんもりと丸い竹島が見えてくる。竹島の左手に見えるのは、無人島の三河大島。天気のよい日には、その奥に連なる渥美半島の山並みも望める。

竹島へは竹島橋でいつでも渡ることができるが、この橋も昭和七年、滝信四郎が架橋したのが最初。島に渡って振り返ると、正面の丘の上に和洋折衷風の重厚な蒲郡プリンスホテルが構えている。これは昭和九年の建築で、当時の蒲郡町が計画し、滝が資金を出して建てられた外国人向け国際観光ホテル「蒲郡ホテル」が前身。由緒ある観光地の風景に、この昭和の名建築は欠かせない存在となっている。

蒲郡駅

八百富神社参道から
蒲郡プリンスホテルを望む

竹島へ渡る竹島橋は全長 387 メートル

【DATA】

所在地／愛知県蒲郡市竹島町
◉絶景ポイントまで…蒲郡駅から約 1.4km
◉車…東名高速音羽蒲郡 IC →三河湾オレンジロード・国道 473 号経由→現地（約 10.5km）

◉名鉄名古屋本線岡崎公園前駅

二千五百本の桜が城を包む　岡崎公園

❖家康の生まれた城

岡崎公園は三河地方随一の桜の名所。春、名鉄の乙川《おとがわ》鉄橋を渡るとき車窓に広がる桜には思わず目を奪われる。桜の中から頭を出す岡崎城がいいアクセントだ。逆に、桜の間から疾走する電車を見るのも楽しい。

岡崎城は、言わずと知れた徳川家康出生の城である。西郷頼嗣《よりつぐ》が築いた城が起源で、享禄三年（一五三〇）、松平清康によって現在地に城郭を整備。家康は天文十一年（一五四二）に城内で生まれている。

江戸時代、岡崎城は「神君出生の城」として崇められ、家格の高い譜代大名が岡崎藩主として城に入った。五万石の小藩ながらも岡崎城主であることは一種のステータスだったという。

❖天守閣から大樹寺《だいじゅじ》を望む

天守閣は明治六年に取り壊されるが、すぐのちに城址を公園とする許可が県より下り、桜の植樹を開始。岡崎市制施行後の大正八年より五年にわたる大改修がおこなわれた。戦災に遭うも、周辺の乙川、伊賀川を含めて再整備され、現在のような公園に。天守閣が再建されたのは昭和三十四年。のちには「三河武士のやかた家康館」も開館し、戦前から現在に至るまで岡崎で最大の観光地になっている。

天守閣はさほど高くないので絶景というほどではないが、岡崎市街や安城、豊田方面の眺めはいい。北のほうには小さく、徳川家の菩提寺である大樹寺が見える。岡崎城と大樹寺を結ぶ直線は「ビスタライン」と呼ばれ、建造物で視界を遮らないように配慮されている。

岡崎公園前駅

桜が満開の岡崎公園。その向こうを列車が駆け抜ける

岡崎城から大樹寺方面を望む。奥の斜長橋は伊勢湾岸道

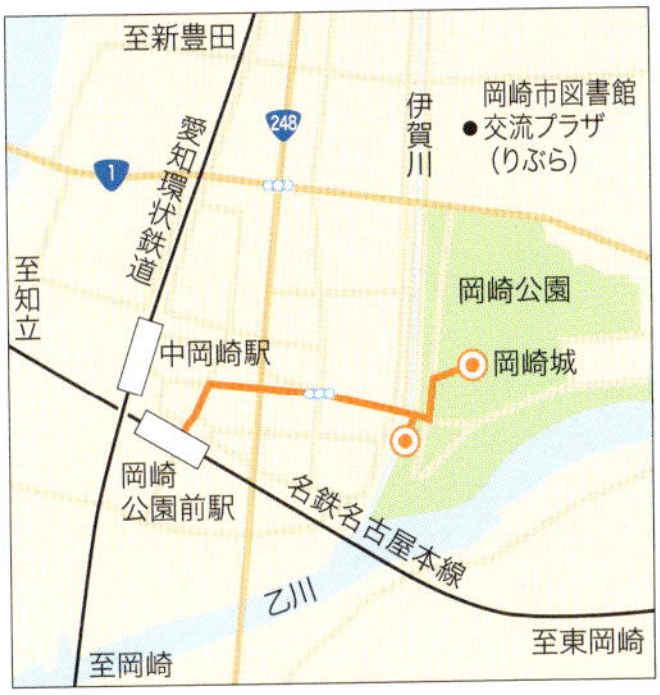

【DATA】

所在地／愛知県岡崎市康生町

◉絶景ポイントまで…名鉄岡崎公園前駅から約 0.5 km

◉岡崎城…開館時間 9:00 ～ 17:00 ／年末年始休／入館料 200 円／ TEL0564-22-2122

◉車…東名高速岡崎 IC →国道 1 号経由→現地（約 4km）

◉名鉄常滑線西ノ口《にしのくち》駅

中世の城跡から伊勢湾を一望　大野城跡

❖丘陵地から望む知多の海

伊勢湾と三河湾に挟まれ海に近い駅が多い知多半島でも、列車から海が見える区間は意外と少ない。かつて名鉄常滑線の古見《こみ》—日長《ひなが》間は波打ち際を走っていたが、昭和四十年代に臨海工業地帯造成のため埋め立てられ、海岸線は遠くなってしまった。線路に沿って続く防波堤のみがかつての名残をとどめている。

しかし、内陸側に見える丘陵地に登れば、何カ所か眺望ポイントがある。名鉄常滑線西ノ口駅近くにある大野城跡はそのひとつ。東の小高い丘の上に見える天守閣風の建物がそれで、駅東の国道一五五号を渡り、団地の中の急坂を登ると、徒歩十五分ほどで城跡に着く。

❖四方の眺望がよい大野城跡

大野城は、南北朝時代に知多半島に進出した一色氏によって築城され、戦国時代にはその家臣である佐治《さじ》氏が居城とし半島西部を治めた。ちなみに平成二十三年のNHK大河ドラマの主人公「お江《ごう》」が、最初に嫁いだのが四代城主の佐治与九郎一成《よくろうかずなり》。佐治氏衰亡後は織田氏の手に渡るが、水利が悪かったため廃城される。

一色氏がここに城を築いたのは、伊勢・知多・三河を結ぶ交通の要衝であったため。天守閣風の展望台に登り西を見ると、四日市の工業地帯や鈴鹿山脈が意外と近い。海側だけでなく全方向の眺望がよく、この地域を支配するには格好の地であることがうなずける。

西ノ口のすぐ沖は海苔の養殖場になっている。知多半島の西岸一帯は愛知県で有数の黒海苔の産地で、西ノ口を含む常滑市鬼崎《おにざき》地区もその一翼を担っている。

西ノ口駅。大野城跡展望台より遠望

大野城跡展望台からの眺め。手前は西ノ口の町並み、海の向こうは四日市の工業地帯

【DATA】
所在地／愛知県常滑市金山
◉絶景ポイントまで…西ノ口駅から約 0.9km
◉大野城跡展望台…開館時間 9:00 ～ 17:00（展望台下の公園には時間外でも入園可能）／入場無料
◉車…知多横断道路常滑 IC →国道 155 号経由→現地（約 4.5km）

大野城跡の下にある青海山団地から望む。
夕暮れ時が素晴らしい

連絡橋を渡る列車と、離陸直後の飛行機の遭遇

◉名鉄空港線りんくう常滑駅

海を渡り人工島の空港へ　空港連絡橋梁

平成十七年、常滑沖に造成された人工島に中部国際空港が開港し、常滑止まりだった名鉄も空港まで延長された。空港へは海上に架けられた一〇七六メートルの空港連絡橋梁を渡る。

空港対岸に設けられたりんくう常滑駅のすぐ近くに、橋の眺望ポイントがある。タイミングがよければ、通過する列車と離陸する飛行機との組み合わせを見ることができる。

余談だが、りんくう常滑駅の周辺には、愛知県が造成した埋め立て地が空地のまま広がっている。ある意味これも「絶景」ではあるが…。

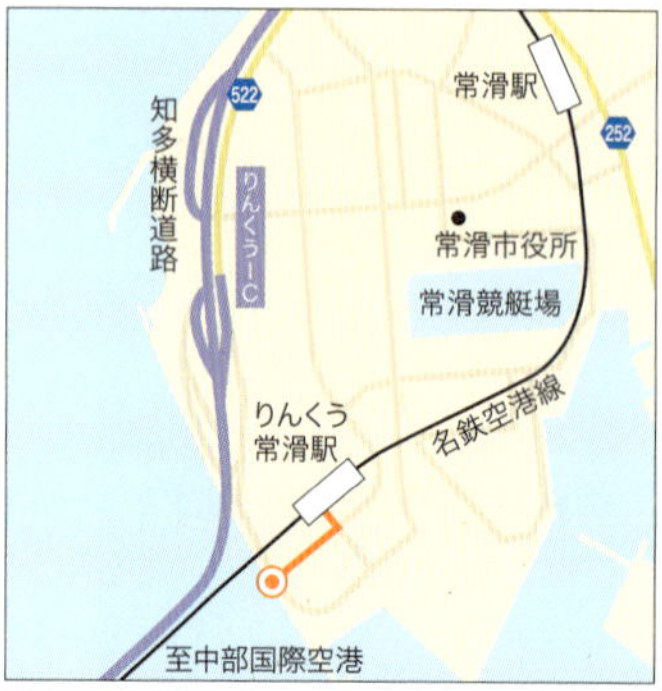

【DATA】

所在地／愛知県常滑市りんくう町

◉絶景ポイントまで…りんくう常滑駅から約 0.2km

◉車…知多横断道路りんくう IC →現地（約 1km）

矢勝川の南側土手を真っ赤に染める彼岸花

◉名鉄河和線半田口駅

新美《にいみ》南吉《なんきち》の故郷の秋　矢勝《やかち》川

知多半島を走る鉄道の車窓は、田園風景が意外と印象に残る。とくに名鉄河和線沿線の阿久比《あぐい》町から半田市北部にかけては水田が多く、昔ながらの集落が点在する。

九月中旬から十月上旬には、阿久比町と半田市の境界をなす矢勝川の堤防に約二百万本の彼岸花が咲き誇り、田園風景に彩りを添える。童話の世界を思わせるこの風景は、平成二年から地元の人々によって育てられてきたもの。

矢勝川は、半田市岩滑《やなべ》（半田口駅近く）出身の童話作家新美南吉が「ごんぎつね」の中で描いた。近くには南吉の記念館がある。

【DATA】

所在地／愛知県半田市岩滑高山町
◉絶景ポイントまで…半田口駅から約 0.5km
◉新美南吉記念館
開館時間 9:30 ～ 17:30 ／月曜・第二火曜・年末年始休／入館料 210 円／ TEL0569-26-4888
◉車…知多半島道路半田中央 IC →県道 265 号経由→現地（約 2km）

◉名鉄河和線河和口《こうわぐち》駅

三河湾を見おろす丘の上の寺

時志《ときし》観音影現寺《ようげんじ》

❖終点の間際で迫る海

知多半島の東海岸側の眺望スポットには、名鉄河和線河和口駅から近い「時志観音」がある。河和口駅は駅前の海岸に海水浴場があり、東海岸の路線では海がもっとも近い地点。ただ、ここから終点の河和までは海岸線を避け内陸の丘と丘の間を通ってゆくので、海はほとんど見えない。

河和口駅から時志観音へは、海沿いの国道二四七号を南下して十五分ほど。内陸側には小高い丘が続き、時志観音はその丘の上にある。参道の長い階段を登って境内へ。振り返ると眼下に穏やかな三河湾が広がり、遠く三ヶ根山も霞んで見える。

❖徳川家ゆかりの三つ葉葵紋

時志観音は知多半島の九十八寺からなる知多四国霊場の札所のひとつで、巡拝者には最も眺めのよい寺として知られている。その昔、佐久島の漁師が十一面観音を海中から引き揚げ祀っていたところ、島人の夢枕に観音が立ち、対岸のこの場所に移すよう告げたというのが、寺に残る創建伝説。南東方向に見える横長の大きな島が佐久島だ。

時志観音は安産祈願でも有名。これは初代尾張藩主徳川義直《よしなお》が領内を巡察中に当寺に立ち寄り、観音像の由来を聞いて二百両を下賜した。その後、妻の安産祈願のため使者を遣わし、それが叶えられたことに由来する。義直は徳川家の家紋である「三つ葉葵」を寺紋として使うことを許し、瓦や賽銭箱など境内の随所に三つ葉葵紋が見られる。

時志観音から河和駅へも徒歩二十分ほど。帰りは潮風に吹かれながら河和まで歩くのも悪くない。

河和口駅

時志観音から眺める朝の三河湾。奥に横たわる山は幡豆町の三ヶ根山

【DATA】
所在地／愛知県知多郡美浜町時志
◉絶景ポイントまで…河和口駅から約 1.2km
◉時志観音影現寺…参拝自由
TEL0569-82-0041
◉車…南知多道路美浜 IC →県道 274・国道 247 号経由→現地（約 4km）

香炉台も三つ葉葵紋があしらわれている

天主閣から北西方向を望む。
左は東海道本線

◉名鉄名古屋本線新清洲駅

「清須越」の盛衰に思いを馳せて　清洲城

東海道本線の枇杷島《びわじま》–清洲間の車窓に清洲城天主閣が見える。戦国時代には織田氏が居城とし、尾張の中心として名城の誉れ高かった城だ。しかし防御面が不十分なことなどから、江戸時代初期に家康が名古屋への遷府を指令、「清須越」と呼ばれる城下町の大移動がおこなわれ、廃城となってしまった。

現在の天主閣は平成元年の建築。最上階の展望室からは、新たに城下町が建設された名古屋の中心部から、廃城で「野となった」と言われた清須の町までが見渡せる。直下を流れる五条川は、桜の名所としても有名。アクセスは、春ならばJRより、名鉄新清洲駅から桜が続く堤防を歩くのが楽しいだろう。

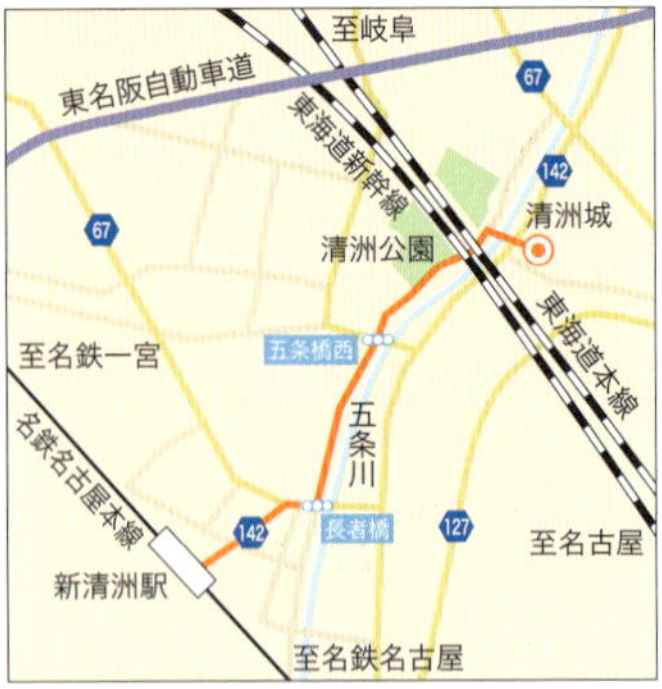

【DATA】

所在地／愛知県清須市朝日城屋敷1-1

◉絶景ポイントまで…新清洲駅から約 0.8km

◉清洲城…開館時間9:00～16:30（最終 16:15）／月曜・年末年始休／入場料 300 円
TEL052-409-7330

◉車…東名阪道清洲東 IC →県道153 号経由→現地（約 1.5km）

色づいた銀杏の木々の中を走る
尾西線の列車。山崎駅前にて

◉名鉄尾西《びさい》線山崎駅

黄金色に染まるギンナンの町　祖父江《そぶえ》町一帯

濃尾平野の田園と都市近郊の風景が続く名鉄尾西線は、鉄道ファンからもあまり注目されないやや地味な路線だが、晩秋の車窓風景だけは思わず目を見張る。山崎－丸渕間の稲沢市祖父江町は、日本一の出荷量を誇るギンナンの産地。町のいたるところに銀杏の木が植えられており、晩秋になると沿線が黄金色に包まれるのである。見頃は十一月下旬から十二月上旬。

伊吹颪《おろし》が吹きつける祖父江は、古くから屋敷や寺社の周りに銀杏などを植え、防風林としていた。本格的な栽培が始まったのは明治時代半ば頃から。山崎駅の周辺はとくに盛んで、駅近くの祐専寺には、祖父江の銀杏の原木とされる木もある。

【DATA】
所在地／愛知県稲沢市祖父江町一帯
◉絶景ポイントまで…山崎駅からすぐ
◉車…東海北陸道一宮西IC→国道155・県道133号経由→現地(約7km)

◉名鉄犬山線犬山遊園駅

天守閣と寺院、二つの眺望名所 犬山城と犬山成田山

❖鉄道名所だった河畔の駅

犬山遊園駅と言えば、少し前まで愛知県で屈指の鉄道名所だったところ。北側の犬山橋は平成十二年までは道路との併用橋で、平成二十年まではレトロな跨座式《こざしき》モノレールが動物園前駅まで通じていた。

大正十五年の開業以来、ここは犬山観光の拠点駅として賑わった。犬山城の真下（現在の名鉄犬山ホテルの場所）にはホテル、旅館、遊園地が並び、昭和三十五年に日本モンキーパーク（当時は犬山ラインパーク）がオープンすると、二年後にはモノレールが開業。今では鉄道利用者の観光アクセスもほぼ犬山駅が担っており、犬山遊園駅は少し閑散としている。

それでも、下車してすぐ木曽川が眺められるこの駅は「遊園」の名にふさわしいのではないだろうか。

❖木曽川と濃尾平野と

犬山遊園駅もよりの眺望スポットは二カ所。まず、河畔の崖の上に建つ国宝の犬山城。天文六年（一五三七）信長の叔父にあたる織田信康《のぶやす》によって築城され、天守閣は日本最古のものといわれる。代々城主を務めた成瀬家個人の所有する城としても知られていたが、平成十六年に財団法人所有となった。

崖の上という場所だけあって、木曽川の上下流双方向の眺めがよい。日本ラインを抜けて濃尾平野へと流れてゆく風景は雄大だ。

もうひとつは、駅東の山の中腹にある犬山成田山。門前のモノレール成田山駅は廃止されたものの、犬山遊園駅からでも徒歩十分ほど。本堂からは濃尾平野を一望。犬山城の地形もよくわかる。

モノレール廃止前の犬山遊園駅

犬山城天守閣から望む。ここから美濃加茂までの木曽川は別名「日本ライン」(P.104)

成田山の本堂前から見た犬山城。天守閣が建つのは崖の上

【DATA】

所在地／愛知県犬山市犬山

◉絶景ポイントまで…犬山遊園駅から犬山城まで約1.0km、犬山成田山まで約0.8km

◉犬山城…9:00 ～ 16:30 ／年末休／入館料 500 円 TEL0568-61-1711

◉犬山成田山…参拝自由／ TEL0568-61-2583

◉車…東名高速小牧 IC →国道 41・県道 27 号経由→現地（約 12km）

豊川上流を望む。手前の中洲は通称「金色島」、奥は本宮山

ビル＆タワー

豊橋市役所

豊川《とよがわ》のほとりに建つ庁舎

最上階の十三階に展望ロビーを備えた豊橋市役所へは、豊橋駅前から豊橋鉄道の路面電車で四つめの停留所が近い。豊橋市内には、ホテル日航豊橋（一二〇メートル）、ココラフロント（七二メートル）が五六メートルの市役所東館よりも高層だが、いずれも最上階はレストランになっており、気軽に眺望が楽しめるのはここが唯一である。

市役所は豊川のほとりで、すぐ真下に大きく蛇行する豊川を見下ろせる。東側の直下は豊橋公園。市役所と公園は吉田城址に整備されており、明治の廃城後には歩兵第十八連隊が置かれていた。南西方向には、市街地越しに三河湾沿岸の工業地帯が見渡せる。

【DATA】

豊橋市役所（展望ロビー）

愛知県豊橋市今橋町１

◉アクセス…豊橋鉄道市内線市役所前停留所から徒歩１分

◉ 8:30 〜 17:15 ／無休／入館無料

TEL0532-51-2111

瀬戸方面を望む。正面左は三国山、右が猿投山

ビル＆タワー

スカイワードあさひ

自然豊かなベッドタウンを一望

名古屋近郊には展望タワーが多いが、鉄道の駅から最も近いのがスカイワードあさひ。尾張旭駅北の城山公園内にある公共施設で、地上五五メートルの展望室を備えている。

尾張旭市は名古屋の東に位置するベッドタウン。展望室からは尾張旭、瀬戸、春日井にかけての住宅地、遠く西方向には名古屋市街が見える。北東方向は岐阜県境に続く緑豊かな丘陵地が広がっており、尾張旭市が意外と自然に恵まれた町であることがわかる。

施設内には歴史民俗フロアもあり、尾張旭市の祭りや生活用具、瀬戸線関連の資料が展示されている。

【DATA】

スカイワードあさひ（展望室）

愛知県尾張旭市城山町長池下4517-1

◉アクセス…名古屋鉄道瀬戸線尾張旭駅から徒歩 15 分

◉ 9:00 ～ 21:30 ／年末年始休／入館無料

TEL0561-52-1850

北西方面を望む。手前左は名古屋ルーセントタワー

ビル＆タワー

ミッドランド スクエア

中部地方最高層のビル

名古屋駅前に聳えるミッドランドスクエア（豊田・毎日ビルディング）は、高さ二四七メートル、中部地方では最高層、全国でも五番目に高い建造物である（平成二十二年現在）。平成十八年の完成まで、向かいに建つＪＲセントラルタワーズのオフィス棟が中部一だったが、こちらはそれをわずか二メートル上回り、中部一の称号を奪取した。かつてはセントラルタワーズにも展望フロアがあったが、ミッドランドスクエアの開業前に閉鎖されている。

「スカイプロムナード」へは世界初のシースルー二階建てシャトルエレベーターで登り、四十六階から四十四階へ回遊しながら下りるようになっている。吹き抜けなので、高所の空気感を楽しめるのも特徴。

【DATA】

ミッドランド スクエア（スカイプロムナード）

愛知県名古屋市中村区名駅 4-7-1
◉アクセス…ＪＲ名古屋駅から徒歩３分、地下鉄東山線・桜通線名古屋駅から徒歩１分
◉ 11:00 ～ 22:00（最終 21:30）／年中無休（荒天時閉館）／入場料 700 円／ TEL052-527-8877（総合インフォメーション）

第5章
中央本線

◉ＪＲ中央本線定光寺《じょうこうじ》駅

名古屋からわずか三十分の渓谷

玉野川

❖景勝地へのアクセス駅

中央本線の普通列車に乗ればわずか三十分ほど。定光寺駅周辺は、名古屋からもっとも近い渓谷である。岐阜県境から春日井にかけて車窓に見える庄内川は「玉野川」とも呼ばれ、江戸時代から景勝地として知られていた。

行楽地として脚光を浴びたのは中央本線の開通後である。往時は春から初夏にかけて訪れる人が多く、高蔵寺駅で下車して定光寺駅まで約三〇町（約三・三キロ）の川沿いを歩き、定光寺に参拝するのが定番ルートだったようだ。「名古屋より来りて一日の遊楽に最も恰適の地なり」と『高蔵寺町史』（昭和七年）にも紹介されている。

定光寺駅は大正八年に開設された玉野信号所が前身で、定光寺探勝の便を図るため翌年には仮駅になり、大正十三年には常設駅に昇格した。駅と交差する形で東海自然歩道が走っており、ハイカーの利用者も多い。

❖春と秋は旧線トンネルを開放

高台にある定光寺駅は駅自体が展望ポイント。名古屋方面行きホームからは庄内川の渓流が眼下に眺められる。昔の観光客にならい高蔵寺まで歩くのもいいが、駅前の城嶺橋からの眺望がベストだろう。かつてはこの付近の風光には兜岩、猩々岩《しょうじょう》、座禅岩、橋ヶ瀬、銚子口などの名もつけられていたという。

ところで定光寺といえば近年、中央本線旧線の保存活動が注目を集めている。春日井市のＮＰＯ法人「愛岐トンネル群保存再生委員会」により旧線が整備され、春と秋の年二回、一般にも公開されている。

定光寺駅

城嶺橋から見る玉野川と定光寺駅。川に連なる奇岩に目を奪われる

【DATA】

所在地／愛知県春日井市玉野町

◉絶景ポイントまで…定光寺駅から城嶺橋まで約0.1km

◉愛岐トンネル群保存再生委員会
TEL0568-87-6533

◉車…中央道多治見IC→国道248・県道15経由→現地（約9.5km）

期間限定で一般公開される旧線跡の4号トンネル

恵那山を仰ぎつつ、二軒屋池の
ほとりを走る特急「しなの」

◉JR中央本線美乃坂本駅

美濃の名峰と溜め池と　二軒屋池

岐阜県東濃地方の中央本線では、恵那山が車窓風景のハイライト。恵那山は岐阜と長野の県境にそびえ、標高は二一八九メートル。なだらかに広がるこの山裾に中津川の町がある。周囲から際立つ高さで、この地方の扇の要といった存在感を誇っている。

恵那山は沿線の随所から見ることができる。中でもおすすめしたい眺望ポイントは恵那－美乃坂本間にある二軒屋池。この池は大正時代、坂本村一帯が開拓された際に数多く築造された灌漑《かんがい》用溜め池のひとつ。青々と水を湛える池越しに、秀麗な山容を見ることができる。

【DATA】

所在地／岐阜県中津川市茄子川
◉絶景ポイントまで…美乃坂本駅から約 2.0km
◉車…中央道恵那 IC →県道 48・410 号経由→現地（約 7km）

休耕田に広げられた、ところてん状の細寒天。原料はテングサ

◉明知鉄道山岡駅

白一色、冬の休耕田　山岡の寒天乾燥場

明知鉄道沿線の特産品に山岡の細寒天がある。これは煮詰めたテングサを糸状に凍結・乾燥させたもので、山岡産は全国シェアの八〇パーセントを占める。気温は低くなるものの雪が少なくて晴天率が高いという気候が、寒天作りに最適なのだという。大正時代に岐阜県が農閑期の副業として生産を奨励し、山岡では昭和六年から生産が始められた。

主に冬の間、山岡駅周辺では細寒天の乾燥風景を見ることができる。休耕田いっぱいに広げられた竹のよしずに寒天が白く光る光景はなかなか壮観。駅に隣接する「ヘルシーハウス山岡」では寒天商品が購入できるほか、寒天料理も味わえる。

【DATA】
所在地／岐阜県恵那市山岡町一帯
◉絶景ポイントまで…山岡駅から最寄りの寒天乾燥場まで約0.5km
◉ヘルシーハウス山岡…営業時間 9:00 ～ 17:00（12 ～ 3 月は～ 16:00）／ TEL0573-56-4350
◉車…中央道恵那 IC →県道 66・国道 418 号経由→現地（約 17.5km）

●JR中央本線落合川駅

河畔の駅から眺望ポイントを一周　恵那山

❖木曽谷の入口にある駅

中央本線も中津川まで来ると、名古屋から遠く離れたような感じがある。恵那山の山麓に広がる町の風景は、山国への入口といった雰囲気をおび、この先、塩尻方面へは列車の本数もぐんと少なくなる。

中津川を出ると、列車はやがて木曽川に寄り添って木曽谷へと入ってゆく。その入口にあたるのが落合川駅。木曽川の落合ダム湖に臨み、中山道落合宿の町並みや集落から離れた場所にある静かな無人駅だ。

駅自体が好ロケーションだが、周辺には恵那山や木曽川の眺望スポットが点在する。駅を起点に一周約四キロのコースを巡ってみよう。

❖恵那山と棚田が一望に

駅のやや上流にある弁天橋がポイントのひとつ。河畔にたたずむ駅の立地がよくわかる。ここから上流方面への坂を登れば、中央本線の鉄橋を望む場所がある。

弁天橋から下流方向へと向かい、瀬戸中平・梅平集落からの眺めもいい。正面には悠然と恵那山が構え、その裾野に連なる棚田も美しい。また、瀬戸梅平集落からは、落合ダムを正面から見ることができる。落合ダムは電力王福沢桃介《ふくざわももすけ》により大正十五年に建設された発電用ダムで、木曽川では大井ダムに次いで二番目に建設されたもの。

このほか駅の下流方向には、支流の落合川に架かる村瀬吊り橋、撮影ポイントとして知られる中央本線トンネル上の高台がある。駅から約一・五キロの中山道落合宿の町並みからも恵那山が眺められる。

落合川駅。弁天橋付近から望む

瀬戸梅平集落から望む恵那山。山麓には棚田が点在する

正面から見た落合ダム。堰堤の向こうに中央本線が走る

【DATA】
所在地／岐阜県中津川市落合、瀬戸
◉絶景ポイントまで…落合川駅から瀬戸梅平集落まで約 2.0km
◉車…中央道中津川 IC →国道 19・県道 6 号経由→現地（約 9.5km）

●JR中央本線野尻《のじり》駅

森林鉄道も走った渓谷

阿寺《あてら》渓谷

❖透き通る水の美しさ

木曽谷南部に位置する大桑村に、木曽川流域で屈指の美しさを誇る阿寺渓谷がある。木曽川支流の阿寺川の渓流で、透き通った清流、激しく水飛沫《しぶき》をあげる滝、エメラルドグリーンの淵、荒々しい巨岩が続き、まさに「手付かずの大自然」という表現がぴったりの渓谷だ。

木曽川の合流地点から、立ち入り可能な林道終点までは約六キロ。往復すると距離が長く、じっくりトレッキングを楽しみたい人向けだが、最寄りの野尻駅から林道入口までは徒歩で約二十分とさほど遠くないので、少しだけ渓谷美を味わって引き返すというプランも可能である。

❖中央アルプスの眺望も良好

スタートは野尻駅。渓谷へ向かう前に、ホームからの眺めも注目したい。塩尻方向を見ると、真正面に中央アルプスが連なっているのである。駅を出て、野尻宿と旧中山道を歩いてもよいが、阿寺渓谷へすぐに向かうなら、中津川方の踏切を越え河畔の方へ下ってゆくのが早い。木曽川に架かる阿寺橋を渡れば、すぐ阿寺渓谷の入口だ。阿寺川沿いに林道を少し入ればもう、渓谷が始まっている。名前のついた滝や淵は渓谷の奥にあるが、入口付近だけでも渓谷を堪能できるだろう。

林道の入口には野尻営林署の設置したゲートがあり、その向こうには「林鉄記念碑」が立っている。これは、野尻駅から阿寺渓谷沿いに通じていた森林鉄道が、昭和四十年に廃止されたのを記念して建立されたもの。奥まで行けば、ところどころに林鉄の遺構が残っている。

野尻駅

林道に入るとすぐに見えてくる渓谷。
道はさらに山奥へと続いてゆく

【DATA】
所在地／長野県木曽郡大桑村野尻
◉絶景ポイントまで…野尻駅から阿寺林道入口まで約 1.6km
◉車…中央道中津川 IC →国道 19 号経由→現地（約 33km）

阿寺渓谷は紅葉の名所としても有名

◉JR中央本線上松《あげまつ》駅

木曽谷随一の名勝

寝覚《ねざめ》の床《とこ》

❖眺望ポイントは臨川寺《りんせんじ》

馬籠《まごめ》生まれの島崎藤村《とうそん》は「夜明け前」でこう記した。「木曽路はすべて山の中である。あるところは岨づたいに行く崖の道であり、あるところは数十間の深さに臨む木曽川の岸であり…」。中央本線の車窓風景はまさにそのとおりである。

そんな木曽路随一の絶景が「寝覚の床」だ。古くから景勝地と知られ、江戸時代中頃には尾張藩書物奉行の松平君山《くんざん》（俳諧師横井也有《やゆう》の説もあり）によって「木曽八景」のひとつに選ばれている。

寝覚の床は、国道一九号沿いにある臨川《りんせん》寺周辺からの眺望がもっともよい。臨川寺は名前のとおり、木曽川と寝覚の床を見下ろす河畔の高所にある。境内から遊歩道を下りてゆけば、迫力ある巨岩、奇岩を目線の高さで見ることもできる。

❖浦島太郎伝説の地

この「寝覚の床」の名は、浦島太郎伝説に由来しているという。浦島太郎が竜宮城から帰ってみると、かつて住んでいた村には身寄りも知り合いもいなくなっていた。その村に住めなくなった浦島太郎は方々をさまよい、やがて木曽の山中にたどり着いた。しばらくここで暮らしていたのだが、あるとき思い付いて竜宮城でもらった玉手箱を開けてみたところ、白い煙が沸き立ち、目が覚めて気がつけば三百歳になっていた…。この有名な話の舞台がここだとか。

寝覚の床の巨岩上に見える御堂は「浦島堂」と呼ばれ、境内には「浦島太郎姿見の池」がある。また臨川寺宝物館には、浦島太郎のものと伝えられる釣竿も展示されている。

上松駅

臨川寺下の遊歩道に下り、正面から
見た寝覚の床の巨岩群

【DATA】
所在地／長野県木曽郡上松町上松
◉絶景ポイントまで…上松駅から約 1.8km
◉臨川寺…拝観時間 8:00 ～ 17:00 ／無休／拝観料 200 円
TEL0264-52-2072
◉車…中央道中津川 IC →国道 19 号経由→現地（約 50.5km）

列車は寝覚の床を見下ろして走る

◉ＪＲ中央本線宮ノ越駅

紅葉に彩られる清流

巴淵《ともえぶち》

❖中央本線屈指の紅葉スポット

　秋の中央本線沿線は、驚くほどの紅葉に包まれている。とくに木曽路は、列車に乗っていると全区間が絶景の様相だ。十月中・下旬は、どこで下車しても紅葉は楽しめるのだが、駅から近くにある紅葉名所となると、宮ノ越駅北方の巴淵が挙げられる。

　宮ノ越駅から駅前通りを下るとすぐ、旧中山道に出る。左に進めば宮ノ越宿の町並み。右に進めば巴淵に至る。巴淵は、木曽川が山吹山の真下でほぼ九〇度に蛇行するところにある。すぐ真上を中央本線が跨いでいるが、一瞬で通り過ぎる車窓からこの淵に気づくかどうか。燃えるような山吹山から落ち葉が巴淵へと舞い落ち、透き通った水面に黄色の筋ができる光景は、息をのむ。やはり歩いて訪れ、間近でじっくり眺めたいものだ。

❖巴御前と木曽義仲の史跡が点在

　巴淵の名は、川の流れが巴状に渦巻いているからという。そしてここは、巴御前にまつわる場所でもある。巴御前は戦国武将・木曽義仲の愛妾で、義仲とともに戦闘にも参加した美人女武将。幼少の義仲を育てた木曽の豪族中原兼遠《なかはらのかねとお》の娘であるが、伝説では、この淵に棲む龍神が巴御前として生まれたという。巴御前はこのあたりで泳ぎ、武士としての技を身に付けたとか。

　宮ノ越駅から徒歩三分の木曽川対岸には、木曽義仲の生涯を紹介するミュージアム「義仲館」や、義仲や巴御前の墓がある徳音寺が、また駅から巴淵への途中には、義仲が平氏討伐のときに挙兵した旗挙《はたあげ》八幡宮などもあるので、併せて訪れたい。

宮ノ越駅

巴淵を通過する中央本線の普通列車。車窓に見えるのはほんの一瞬

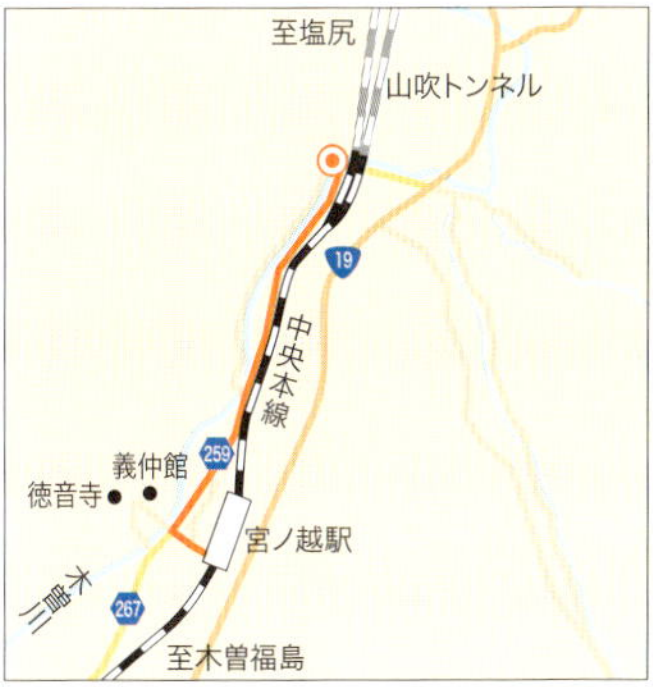

【DATA】
所在地／長野県木曽郡木曽町日義
◉絶景ポイントまで…宮ノ越駅から約1.5km
◉義仲館…開館時間9:00～17:00／月曜休／入館料300円
TEL0264-26-2035
◉車…中央道中津川IC→国道19号経由→現地（約70km）

義仲館にある義仲・巴御前像

名古屋市街方面を望む。正面はミッドランドスクエア、背後は養老山地

ビル＆タワー

東山スカイタワー

都市から山並みまでの大パノラマ

東山スカイタワーは、動物園、植物園、遊園地が一体となった東山公園内にある。平成元年、名古屋市制施行百周年を記念して建設された。高さ一三四メートルのタワーが海抜八〇メートルの丘陵地に建つので、合わせると二一四メートルになる。展望フロアの下にパラボラアンテナがあるが、これは防災行政無線の中継用で、災害時の非常連絡に使用される。

全方位に見通しがよく、名古屋駅前の高層ビル群、ナゴヤドーム、伊勢湾岸道の「名港トリトン」など、一目でそれとわかるランドマークが数多く確認できて楽しい。とくに冬の晴天時には濃尾平野を囲む山並みや、中央アルプス、白山山系まで見渡せる。

【DATA】
東山スカイタワー
愛知県名古屋市千種区田代町瓶杁1-8
◉アクセス…名古屋市営地下鉄東山線東山公園駅、星ヶ丘駅から徒歩 15 分
◉ 9:00 ～ 21:30（最終 21:00）／月曜・年末年始休／入館料 300 円
TEL052-781-5586

第6章
岐阜県

日本ラインの要所、行幸巌から眺める木曽川の激しい流れ

●JR高山本線坂祝《さかほぎ》駅

巨岩の上から激流を眺める　日本ライン

鵜沼から坂祝にかけての渓谷は、船下りで知られた「日本ライン」。正確には、木曽川と飛騨川の合流点から犬山城の下までをこう呼ぶ。愛知県岡崎市出身の地理学者、志賀重昂《しがしげたか》の命名で、明治三十七年に船下りをしたとき、「ドイツのライン川に劣らない景観」と賞賛したのがきっかけ。昭和二年、陸軍大演習に際して昭和天皇が当地を訪問し、坂祝の河畔から景観を楽しんだことで、名声が広まった。

天皇行幸の地は行幸《みゆき》公園となっており、堤防の内側に天皇が日本ラインの景観を眺めた巨岩「行幸巌《みゆきいわ》」がある。今も歩いて登ることができるが、足場が悪いので要注意。

【DATA】

所在地／岐阜県加茂郡坂祝町取組
◉絶景ポイントまで…坂祝駅から約 0.7km
◉車…東海環状道美濃加茂 IC →国道 41・21 号経由→現地（約 7.5km）

新太田橋から見る今渡ダム。
後ろに太多線鉄橋がある

JR太多線美濃川合駅

ダムと並行に掛けられた鉄橋

今渡《いまわたり》ダム

日本ラインの起点である木曽川と飛騨川の合流点は、太多線美濃川合駅のすぐ上流。美濃川合駅は河畔にあり、長く細々とした鉄橋をゆっくり渡ってくる列車を、ホームの端から見ることができる。

そしてすぐ下流では、今渡ダムが川の流れを遮っている。昭和十四年に建造された発電用のダムで、右岸に川合発電所、左岸に今渡発電所が設けられている。太多線からは、上流に合流部、下流にダムの堤体が見え、このような車窓風景も珍しい。

国道二一号の新太田橋からはダムの全貌を正面から眺められる。ここへは名鉄広見線の日本ライン今渡駅からも近い。

【DATA】
所在地／岐阜県美濃加茂市御門町～可児市今渡
◉絶景ポイントまで…美濃川合駅から約 1.0km
◉車…東海環状道美濃加茂 IC →国道 41・248 号経由→現地（約 5.5km）

JR高山本線上麻生《かみあそう》駅

甌穴《おうけつ》と「最古の石」の渓谷

飛水《ひすい》峡

高山本線は、上麻生駅のあたりから本格的な山間部へと突入する。この先は久々野まで延々、飛騨川の流れを車窓に眺めながら進むことになる。

上麻生から白川口まで一二キロにおよぶ飛騨川の深い渓谷は「飛水峡」と呼ばれる。長い年月をかけて急流が河床を深く削り、このような景観をつくりだした。なかでも見ものは、上麻生駅のやや上流にある無数の甌穴（ポットホール）。石の粒が急流によって岩盤上で回転してできる穴のことで、飛水峡の甌穴は千個以上あるといわれ、国の天然記念物に指定されている。ここからは、二十億年前のものとされる「日本最古の石」も発見された。

甌穴群は、上麻生駅から上流に十五分ほど歩いた線路際の小公園でよく観察できる。このあたりの岩盤は「ロックガーデン」とも呼ばれ、雨の後など無数の水たまりが見られなかなか壮観である。

途中の麻生橋を渡り対岸の国道四一号沿いに行くと、縞模様の岩が連なる谷を見渡せる場所がある。谷の奥に線路が通り、絶景の鉄道撮影ポイントとしても有名だ。

鉄道利用者には邪道だが、駅からやや下流の「道の駅ロックガーデンひちそう」にも見晴台がある。

【DATA】

所在地／岐阜県加茂郡七宗町上麻生

◉絶景ポイントまで…JR 上麻生駅から約 1.2km

◉車…東海環状道美濃加茂 IC →国道 41 号経由→現地（約 14km）

←国道 42 号から見る飛水峡。対岸を特急「ひだ」が駆け抜ける

JR高山本線焼石《やけいし》駅

飛騨の入口に七里も続く渓谷 中山七里《なかやましちり》

金森長近《かなもりながちか》が改修した街道の難所

飛水峡に続く飛騨川の有名な渓谷が、飛騨の玄関口、飛騨金山駅あたりから始まる「中山七里」である。金山（正確には市街地からやや北の金山町下原町）から下呂までの約七里、約二八キロ弱をいう。

往古より中山七里は、飛騨と美濃を結ぶ益田《ました》街道の難所だった。ここの改修を最初に手掛けたのは、天正十三年（一五八五）に姉小路氏を討ち飛騨を領有した金森長近《かなもりながちか》。長近は高山城主となり高山の町並みを整備したことで知られるが、飛騨から他国へ通じる主要街道の整備にも力を注いだ。

中山七里の道路改修は江戸時代に入っても続くが、難所だけに景勝地も多く、街道を歩いた多くの文人や僧侶が歌や紀行文に記している。ちなみに「中山」は、旧下呂町南部の古い村名ともいわれている。

線路の真上にそびえる羅漢岩

飛騨金山―焼石―下呂間は駅間距離が長いため、徒歩で眺めを楽しむのはいささか難がある。実は、高山本線と併走する国道四一号にも、立ち止まって眺望を楽しめる要所が意外と少ない。列車でも車でも、長い区間にわたる車窓風景を楽しむのがベターなようだ。

歩くとするなら、焼石駅から北へ三十分ほどのところにある羅漢岩までがいいだろう。河畔に屹立《きつりつ》する絶壁で、高山本線はすぐ真下を通るので列車からはやや見づらい。明治四十三年、仏教哲学者井上圓了《いのうええんりょう》が「十六羅漢が雲上から降りてくるようだ」と漢詩に詠んだことから、この名で呼ばれるようになった。

焼石駅

羅漢岩付近を通過する特急「ひだ」。
車窓風景がもっとも楽しい区間

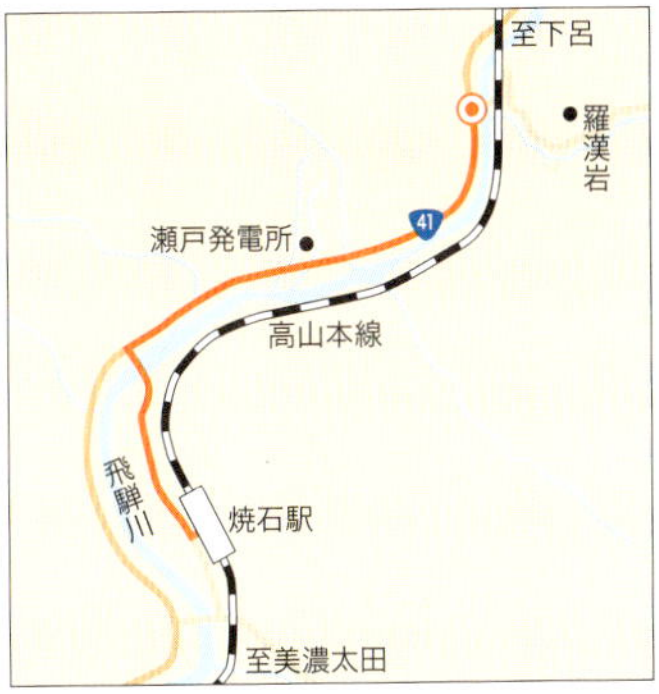

【DATA】
所在地／岐阜県下呂市久野川
◉絶景ポイントまで…焼石駅から約 2.0km
◉車…東海環状道美濃加茂 IC →国道 41 号経由→現地（約 54km）

中山七里の見どころのひとつ、羅漢岩。
この北には「屛風岩」もある

見事な枝ぶりの臥龍桜。ホーム
からも見ることができる

JR高山本線飛騨一ノ宮駅

駅前に咲く天然記念物の老桜　臥龍《がりゅう》桜

　飛騨川沿いの長い谷間を過ぎ、高山本線最長の宮トンネルを抜けると飛騨一ノ宮駅。この駅のすぐ裏に、臥龍桜というエドヒガンザクラの大木がある。樹齢千百年、枝張りは三〇メートル、ダイナミックな枝ぶりは、まさに龍が臥せるかのようだ。名木と呼ばれる桜は多いが、駅前に国指定天然記念物の桜が咲くところは、そんなにないのではないだろうか。

　ここは曹洞宗の大幢寺《だいどうじ》の境内地で、古くから「大幢寺の大桜」として親しまれていたが、昭和六年、道仙和尚により臥龍桜と命名された。寒い飛騨は桜の開花も遅く、四月下旬から五月上旬が見頃となる。

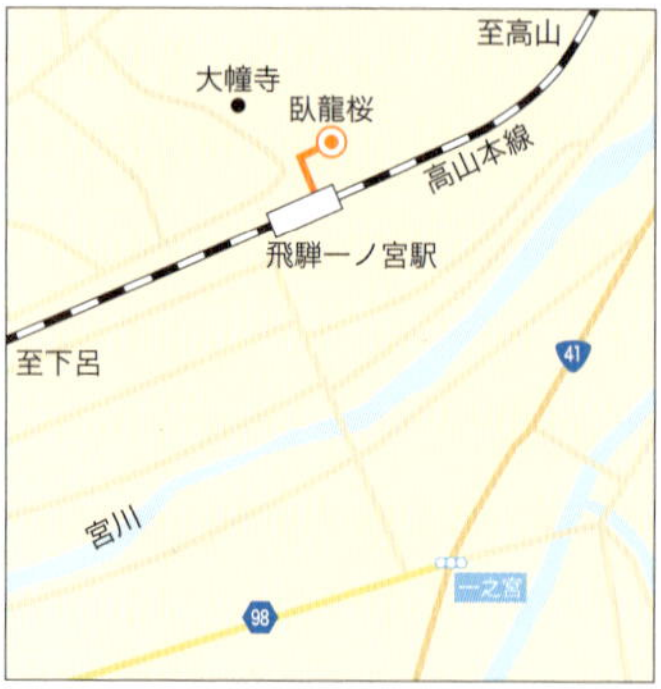

【DATA】

所在地／岐阜県高山市一之宮町

◉絶景ポイントまで…飛騨一ノ宮駅からすぐ

◉車…中部縦貫道高山 IC →国道 41 号経由→現地（約 11km）

飛騨高山美術館のテラスから
望む高山市街地と北アルプス

JR高山本線高山駅

北アルプスと飛騨の小京都　飛騨高山美術館

飛騨の中心都市高山は、北アルプスへの玄関口でもある。平湯温泉までバスで一時間、新穂高温泉までは一時間半の距離。町外れの高台に登ると、町の向こうに顔を出す槍ヶ岳や穂高岳を見ることができる。

市街地西部の高台一帯には、「飛騨の里」など観光施設が集まっている。この一角にある飛騨高山美術館は、十九世紀末の装飾芸術やアールヌーボー、アールデコのガラス工芸品などのコレクションが見もの。展示もさることながら、眺めのよさも高山市街で随一だ。落ち着いたカフェも館内に併設されているほか、四～十一月にはテラスにガーデンカフェも設置される。

【DATA】
所在地／岐阜県高山市上岡本町
◉絶景ポイントまで…高山駅から約1.8km
◉飛騨高山美術館…開館時間9:00～17:00／無休／入館料1300円／TEL0577-35-3535
◉車…中部縦貫道高山IC→国道41号経由→現地（約4km）

長良川鉄道美濃市駅

城跡から望む和紙の町

小倉《おぐら》公園

和紙の集散地として栄えた町

美濃は、美濃太田駅から平野部を走ってきた長良川鉄道が、いよいよ長良川に近づく地点。平野部と山間部の結節点に開け、沿線では郡上八幡と並ぶ人気の観光地だ。

ここは中心街全体が国の伝統的建造物群保存地区に選定されている。「目」の字型に町割りがなされ、東西二本の筋を中心に昔ながらの古い家並みが軒を連ねる。見ものは大きな卯建《うだつ》の上がる豪壮な商家群。これらはもともと紙問屋だったものが多い。長良川支流の板取川流域では、中世より紙の生産が盛んな土地。長良川河畔の美濃の町には川湊が設けられて紙の集散地となり、問屋町・商人町として発展したのである。

ちなみに町の名は、古くは上有知《こうずち》といったが、美濃和紙にちなみ明治四十四年に美濃町と改称された。

町並みを散策して展望台へ

町の西にそびえる小高い山の頂上に小倉公園展望台がある。ここは江戸時代初期、関ヶ原合戦の功により家康から当地を拝領された金森長近《かなもりながちか》が、小倉山城を築いたところ。十年ほどで廃城となったが、長近は城下町と川湊を整備し、町の基礎を築いた。

美濃市駅から小倉公園の登り口までは、普通に歩けば約二十分。この途上に古い町並みがあり、一般公開されている住宅や和紙製品の店、ギャラリーなど見どころが集まっており、ゆっくり見て回りたい。平成十一年に廃止された旧名鉄美濃駅も保存公開されている。

展望台へは公園駐車場から数分。天守閣を模した展望台からは町並みが一望できる。

美濃市駅

秋の夕日に照らされる美濃市街。展望台からは長良川も真下に見える

【DATA】

所在地／岐阜県美濃市泉町

◉絶景ポイントまで…美濃市駅から小倉公園まで約 1.5km、山麓から展望台まで約 5 分

◉車…東海北陸道美濃 IC →国道 156 号経由→現地（約 3km）

町並みには卯建の上がる古い商家が連なる

みなみ子宝温泉駅から歩いて
すぐのビューポイント

長良川鉄道みなみ子宝温泉駅

清流のほとりにある温泉併設駅　長良川

長良川鉄道の車窓に長良川が現れるのは、梅山−湯の洞温泉口間。以後、終点の北濃まで長良川に沿って走る。この鉄道の特徴は鉄橋が多いことで、実に九回も長良川を渡る。山間部だが比較的開けたところが多く、著名な渓谷や絶景と呼べるポイントはあまりないのだが、のどかな郡上の風情が楽しい。

とりわけ眺めのよいポイントは、みなみ子宝温泉駅付近。立ち寄り温泉施設「子宝の湯」を併設し、駅そのものがおもしろい存在だが、郡上八幡方面に少し歩くと、川ぎりぎりのところを列車が走る区間がある。ここから次の大矢駅へも近い。

【DATA】
所在地／岐阜県郡上市美並町大原
◉絶景ポイントまで…みなみ子宝温泉駅から約0.3km、大矢駅から約0.7 km
◉子宝の湯…営業時間10:00～21:00／金曜・年末年始休／入館料500円／TEL0575-79-4126
◉車…東海北陸道美並IC→国道156号・県道323号経由→現地(約5.5km)

中央の吉田川を挟んで
町並みが広がる

長良川鉄道郡上八幡駅

郡上踊りの町のシンボル　郡上八幡城

美濃市と並ぶ長良川鉄道沿線の人気観光地が郡上八幡。夏の「郡上踊り」が有名だが、水路をめぐらした城下町の古い家並みは趣き深く、一年を通じて観光客は多い。

市街地の背後にそびえる山の頂上に郡上八幡城がある。戦国時代の永禄二年（一五五九）、遠藤盛数によって築城。江戸時代には郡上藩が置かれた。明治時代に取り壊された天守閣は、昭和八年に復元。城から見ると、山あいの狭い土地に城下町が築かれたことがよくわかる。

徒歩での山登りはやや時間がかかるので、余裕をじゅうぶん持って、町並み散策とあわせて楽しみたい。

【DATA】

所在地／岐阜県郡上市八幡町柳町
◉絶景ポイントまで…郡上八幡駅から城山公園まで約1.9km、公園から城まで徒歩約12分
◉郡上八幡城…9:00～17:00（時期により変動）12/20～1/10休／300円／TEL0575-67-1819
◉車…東海北陸道美並IC→国道156・県道319号経由→現地（約4km）

JR東海道本線美濃赤坂駅

現役鉱山の山頂に登る

金生山《きんしょうざん》

❖石灰輸送のための路線

大垣駅と美濃赤坂駅を結ぶ通称「美濃赤坂線」は、運転本数の少ないローカル支線ながら、正式には東海道本線の一部になっていることで鉄道ファンには知られている。この路線が開通したのは大正八年。もともとは赤坂で生産される石灰や大理石製品の運搬を目的に敷設された路線だ。

石灰石が採掘されるのは、美濃赤坂駅の北にある金生山。現在も露天掘りが続けられており、東から見ると無残な山容を晒《さら》している山である。赤坂での石灰製造は、安政三年（一八五六）に近江長浜の人が始め、明治時代に建築用大理石の加工業とともに、地場産業として発展する。昭和三年には美濃赤坂駅を起点に西濃鉄道市橋線、昼飯《ひるい》線も開通。昼飯線は廃止されたが、市橋線は今も定期の貨物列車が運行されている。

❖山頂には「こくぞうさん」

鉱山として生きている金生山だが、山頂には「こくぞうさん」として親しまれる明星輪寺《みょうじょうりんじ》があり、容易に登ることができる。

駅を出て北に向かい、旧中山道赤坂宿の町並みを横切って、明星輪寺に続く山道へ。少し登ると「金生山化石館」がある。この山は古生代の化石が数多く発見されていることでも有名だ。

その先で両側の崖下に石灰工場を望みつつさらに登ると、やがて明星輪寺。持統天皇の勅願により朱鳥元年（六八六）に創建、のちに弘法大師が再興したという古刹である。山頂の標高は二一七メートルと低いのだが、東に金華山、遠く名古屋駅前の高層ビル群まで眺められる。

美濃赤坂駅

明星輪寺からの冬景色。正面奥は岐阜の町並み、好天時には名古屋市街まで見える

【DATA】

所在地／岐阜県大垣市赤坂町
◉絶景ポイントまで…美濃赤坂駅から約 1.6km
◉金生山化石館…開館時間 9:00 〜 17:00 ／火曜・年末年始休／入館料 100 円／ TEL0584-71-0950
◉車…名神高速大垣 IC →国道 258・21・417 号経由→現地（約 12.5km）

今も盛んに石灰石が採掘される金生山。山頂に見えるのが明星輪寺

水田が広がる海津市。遠くに見えるのは名古屋駅周辺のビル群

養老鉄道駒野駅

シャトルバスで行く絶景温泉　南濃温泉水晶の湯

濃尾平野の西端を南北に縦貫する養老鉄道は、多度－養老間では養老山地の山麓を走る。駒野駅あたりから山の中腹に建物が見えるが、これは日帰り温泉「南濃温泉水晶の湯」。周囲は「月見の森」という公園が整備され、温泉施設ともども眺望スポットになっている。

登るのが大変そうだが、駒野駅より徒歩約十五分の山麓から水晶の湯まで、無料のシャトルバスが運行されており、楽に行くことができる。水晶の湯、月見の森とも、大垣、岐阜から名古屋まで濃尾平野全体を見渡せる。露天風呂に浸かりながらの夜景鑑賞も格別だ。

【DATA】

所在地／岐阜県海津市羽沢
◉絶景ポイントまで…駒野駅からバス乗り場まで約 1.5km
◉南濃温泉水晶の湯…開館時間 10:00 ～ 21:00（温泉行きバスは 12 分間隔で運行、20:30 最終）／第一・三・五月曜休／入館料 500 円／ TEL0584-58-1126
◉車…名神高速大垣 IC →国道 258 号経由→現地（約 11.5km）

JR東海道本線柏原《かしわばら》駅

霊峰を仰ぎつつ関西圏へ　伊吹山

❖JR東海、西端のハイライト

岐阜県の西の端にそびえる伊吹山は、東海と関西を分かつ山である。標高一三七七・三メートル。その美麗な姿は霊峰の名にふさわしく、古くから聖地として崇拝されてきた。

『日本書紀』には、日本武尊が東征の途上、伊吹山に棲む神に襲われたと記されている。奈良時代には修験道の開祖である役小角《えんのおづぬ》が山岳仏教の聖地として開き、平安時代には日本の七高山のひとつに数えられた。また薬草の宝庫としても知られ、宮中に献上された記録も残る。

名古屋近郊で車窓の遠くに見えていた伊吹山は、揖斐川を渡るあたりから徐々に山容を現す。大垣から先はいったん手前の山並みの陰に隠れるものの、県境を越え柏原を過ぎると、その美しい全貌が車窓に飛び込んでくる。

❖どっしり構える迫力の山容

伊吹山を下りて眺めるなら、ホームからも山が見える柏原駅がいい。ここは中山道柏原宿の玄関駅。山あいの小さい町に思えるが当時の規模は大きく、宿高は六十九宿中四番目だった。ここは伊吹山の薬草を使った艾《もぐさ》が特産で、最盛期には艾屋が十軒もあり、今も「伊吹堂亀屋左京商店」が街道沿いに店を構えている。

旧中山道をそのまま西へ進むと醒井宿まで約四キロだが、ここは線路沿いに北方向へ。家並みを抜けるとカーブする東海道本線の築堤の背に伊吹山がよく見える。さらに近江長岡方面に進んだ清滝《きよたき》踏切付近は、鉄道撮影スポットとして有名だ。

伊吹山麓へは、次の近江長岡駅からバスが発着している。この駅周辺からも伊吹山の眺望がよい。

柏原駅

25

線路は柏原駅の先で、
伊吹山に向かって
大きくカーブする

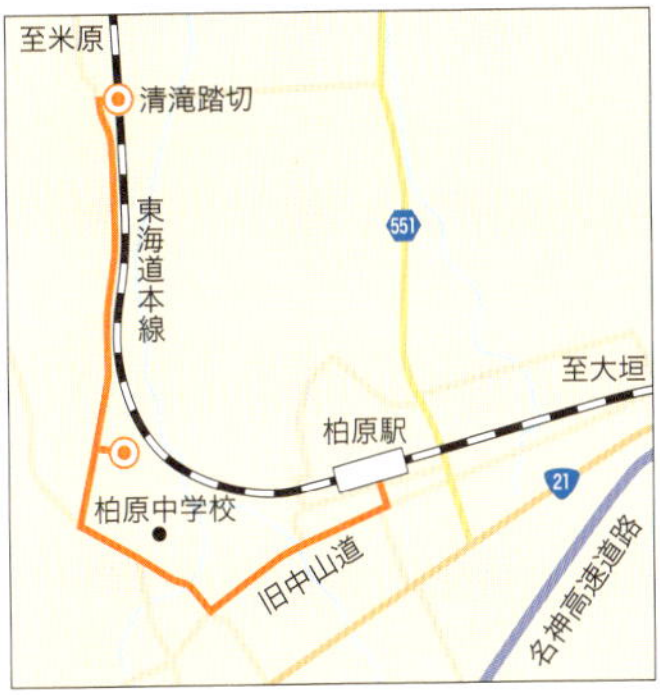

【DATA】

所在地／滋賀県米原市柏原～清滝
◉絶景ポイントまで…柏原駅から約 2.0km
◉車…名神高速関ヶ原 IC →国道 365・21 号経由→現地（約 9.5km）

柏原宿の町並み。中山道はここで東海道本線と分れて醒井宿へ直進

清滝踏切付近を通過する特急「しらさぎ」。すぐ北には新幹線も行き交う→

夕暮れ時の岐阜市西部、大垣方面。中央右上に長良川の川面が光る

ビル&タワー

岐阜シティ・タワー43

岐阜県初の百メートル建築

これといった高層建築がなかった岐阜市の中心部に、平成十九年に建設された。高さは一六三メートルで、岐阜県で初めて百メートルを超える建造物である。デッキでＪＲ岐阜駅に直結。商業施設と分譲・賃貸住宅などからなり、四階には岐阜放送の本社が入っている。

四十三階のスカイラウンジは、東西二つの展望室とレストランに分かれている。北東方向が岐阜市街地で、山頂に岐阜城が建つ金華山の麓に広がる町を一望。西を眺めると長良川の流れが見え、遠くには大垣の向こうに、伊吹山をはじめ滋賀県との県境をなす山並みが連なっている。

【DATA】

岐阜シティ・タワー43（スカイラウンジ）

岐阜県岐阜市橋本町 2-52

◉アクセス…ＪＲ岐阜駅から徒歩1分

◉ 10:00 ～ 23:00（最終 22:00）／不定休／入館無料

TEL058-267-7260

第7章 三重県

近鉄名古屋線近鉄長島駅

治水の歴史を語る河口風景　揖斐・長良川橋梁

河口地帯に連続する鉄橋

大河川の多い東海地方には名物橋梁がいくつもある。その最たるところは木曽三川の下流部。愛知県弥富市から三重県桑名市にかけて、ＪＲと近鉄が並んで長大鉄橋を渡る。

西行きの列車はまず、約九〇〇メートルの木曽川橋梁を渡る。川に挟まれた長島を過ぎ、続いて一キロ弱の揖斐・長良川橋梁を駆け抜ける。そして左に大きくカーブして、列車は桑名へと滑り込む。

ＪＲ・近鉄両長島駅から、揖斐川長良川橋梁を見渡せる堤防へは近い。十分ほど西へ歩いて堤防を越えれば、なかなか雄大な風景が広がる。対岸へと鉄橋が延び、その先には桑名の町。道路橋に遮られて海は見えにくいが、川幅の広さと川面に立つ波が海の近さを教えてくれる。

分流工事がつくった風景

かつて下流域一帯は流れが複雑に絡み合い、デルタ地帯を形成していた。今のように流路が固定されたのは、明治二十～三十年代にかけての大規模な三川分流工事による。江戸時代にも薩摩藩が幕府の命で「宝暦治水」と呼ばれる工事がおこなわれたが、明治の治水工事で三川は完全に分流することになった。

その成果のひとつが、長良川と揖斐川を隔てる「背割堤《せわりてい》」。鉄橋の途中で越える細い堤防がそれだ。背割堤は海津市の木曽三川公園付近まで続く。

川に挟まれた長島の町は、全域を堤防で囲んだ「輪中《わじゅう》」である。長島も昔は三つの「曲輪《くるわ》（輪中の異称）」に分かれていたが、分流工事によって今のような南北に長いひとつの大きな輪中になった。

近鉄長島駅

二つの大河川を並んで一気に越える近鉄とＪＲ。河畔から見るとその長さがわかる

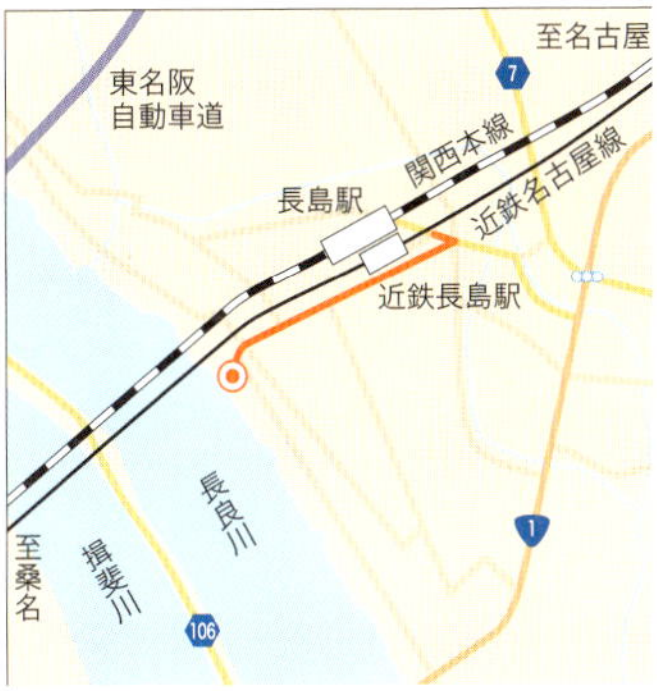

【DATA】
所在地／三重県桑名市長島町西外面
◉絶景ポイントまで…近鉄長島駅から約 0.9km
◉車…東名阪道長島 IC →県道 7・518 号経由→現地（約 2.5km）

鉄橋付近に係留された漁船。その先には物議を醸した長良川河口堰も

三岐鉄道三岐線三里《みさと》駅

今も採掘が続く石灰石の山　藤原岳

❖セメント輸送は昭和初期から

近鉄富田駅と西藤原駅を結ぶ三岐鉄道三岐線は、ほぼ全区間が鈴鹿山麓の農村地帯を走る。田園風景の向こうに常に見えるのは鈴鹿山脈の名峰、藤原岳。標高一一四四メートル、三重県と滋賀県の県境にどっしりと構えている。

しかしその姿は痛々しくもある。石灰石の鉱山があり、山肌が大きく削り取られているのである。

三岐鉄道はもともと、石灰輸送のために敷設された。藤原ではすでに江戸時代の中頃から石灰の製造がおこなわれており、藤原岳の豊富な資源に注目した小野田セメントと浅野セメントの二社が、大正時代に鉄道敷設と工場の建設を計画した。用地買収などで両者は対立するが、県の調停もあって和解。共同出資により敷設工事が進められ、昭和六年七月に富田（国鉄）―東藤原間が、年末に全線が開通する。

❖藤原岳を目指す列車

工場用地が確保できなかった浅野セメントは結局撤退し、鉄道開通の翌年に小野田セメントのみが藤原に工場を操業。現在は合併により太平洋セメント藤原工場として稼働している。

ほぼ全区間が平坦で、障害物もほとんどないので、藤原岳をはじめ鈴鹿山脈の山並みがよく見えるポイントは多い。各駅間距離は短く、旅客・貨物合わせれば運転本数もローカル線にしては多いので、乗り降りしながら列車の撮影地を探す旅もおもしろそうだ。

中でもおすすめは三里―丹生川《にゅうかわ》間。広い田園と山並みがつくる景色は、北勢地方らしい伸びやかさだ。

三里駅

藤原岳と鈴鹿の山並みを背に、黄色の電車が早春の北勢路を行く

【DATA】
所在地／三重県いなべ市大安町片樋
◉絶景ポイントまで…三里駅から約 1.3km
◉車…東名阪道四日市東 IC →県道 64・国道 365 号経由→現地（約 14km）

山麓の東藤原駅では広い構内に多くの貨車が休む

波穏やかな冬の日の鼓ヶ浦海岸

●近鉄名古屋線鼓ヶ浦《つづみがうら》駅

伊勢湾を見渡す白砂青松の浜　鼓ヶ浦海岸

大工場地帯が続く三重県北部の海岸線だが、鈴鹿市から津市の阿漕浦《あこぎうら》あたりまでは穏やかな砂浜が延々と続く。海岸線を南下する近鉄の車窓から海は見えないが、長太ノ浦《なごのうら》—白塚間の各駅からは海へは、どこもおおよそ一キロ以内である。

この間を代表する美しい浜が鼓ヶ浦海岸。鼓ヶ浦駅近くの子安観音寺の本尊が、海から鼓に乗って出現したという伝説に由来する名で、約二キロにわたって砂浜と松林が続き、夏は海水浴客でにぎわう。この海水浴場は大正九年に開設。戦前は多くの文人が訪れ、松林の中に文学碑が点在している。またここは煮干の産地で、海岸に加工小屋も集まっている。

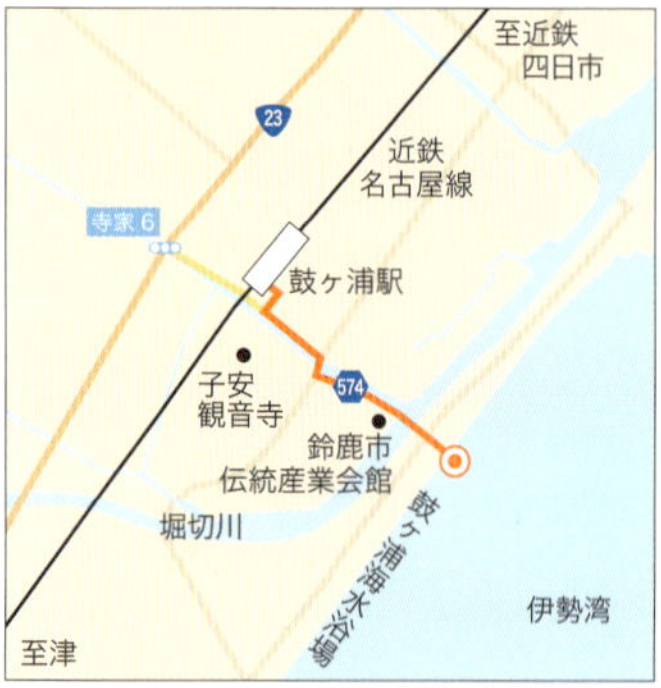

【DATA】

所在地／三重県鈴鹿市寺家地先

◉絶景ポイントまで…鼓ヶ浦駅から約 0.7km

◉車…伊勢道津 IC →県道 42・国道 23 号経由→現地（約 21km）

天守閣から上野市街地を望む。
中央の三角屋根は上野市駅

◉伊賀鉄道上野市駅

盆地の中心にそびえる天守閣　伊賀上野城

伊賀地方の中心都市・上野は、忍者や俳聖松尾芭蕉《まつおばしょう》で知られた観光の町である。伊賀上野のシンボルは、市街地の北にそびえる伊賀上野城。江戸時代初期、築城の名手といわれた藤堂高《とうどうたか》虎《とら》が五層の天守閣を手掛けたが、台風で倒壊してしまう。現在の三層の木造天守閣は、上野出身の衆議院議員川崎克《かわさきかつ》が私財で再建し、昭和十年に完成したもの。当時は「伊賀産業文化城」と呼ばれた。

最上階の展望台からは四方に眺望が利き、伊賀地方が盆地であることがよくわかる。上野の城下町は城の南側。東方向には伊賀国と伊勢国を隔てる険しい山並みが連なる。

【DATA】
所在地／三重県伊賀市上野丸之内
◉絶景ポイントまで…上野市駅から約 0.5km
◉伊賀上野城…開館時間 9:00 〜 17:00 ／年末休／入館料 500 円
TEL0595-21-3148
◉車…名阪国道中瀬 IC →国道 25 号経由→現地（約 2.5km）

JR名松《めいしょう》線家城《いえき》駅

名松線開通とともに生まれた名所　家城ライン

❖名松線最大の車窓名所

松阪と名張を結ぶ予定で敷設され、途中の伊勢奥津《いせおきつ》までで止まってしまった名松線。前半は松阪郊外の田園地帯、雲出川《くもずがわ》が近づくあたりから山が迫り、後半は渓流沿いの山村と、全線にわたりローカル線の風情を堪能できる路線である。

ところが平成二十一年十月、台風十八号の被害を受け、家城－伊勢奥津間が不通に。JR東海は、この区間を廃止しバスによる代替輸送をおこなうと発表した。県や沿線自治体はJR東海に対して復旧を要望しているが、もとより利用客の極端に少ない区間であり、先行きは楽観できない状態だ。

そんな名松線の沿線で名のつけられている景勝地が、山間部地帯の入口の渓谷「家城ライン」。農村風景に少し飽きた頃、家城駅の前後で車窓に現れて目を見張る場所である。

❖圧巻の甌穴《おうけつ》群を歩く

家城ラインは、雲出川のうち真見の滝から瀬戸ヶ淵までをいい、昭和六年、名松線が家城まで開業したことを記念して命名された。「瀬戸ヶ淵」は荒々しい岩が剥き出しになった小峡谷で、関ノ宮－家城間で見られる。「真見の滝」の呼称は今では地元で一般的に使われていないようだが、おそらく家城－伊勢竹原間にある堰堤のことだろう。

家城ラインで圧巻なのは甌穴群だ。家城駅から伊勢奥津寄りに雲出川を渡る鉄橋があり、その前後の河床に無数の甌穴が見られる。右岸の五百メートルほどは遊歩道の一部となっており、甌穴の上を歩くこともできる。鉄橋に列車が復活すればうれしいのだが…。

家城駅

二雲橋から見た家城ラインの甌穴。
後ろは列車の来ない鉄橋

【DATA】

所在地／三重県津市白山町南家城

◉絶景ポイントまで…家城駅から二雲橋まで約 1.0km、瀬戸ヶ淵まで約 1.4km

◉車…伊勢道久居 IC →国道 165・県道 663・15 号経由→現地（約 17.5km）

瀬戸ヶ淵と松阪行きの列車

◉JR参宮線二見浦《ふたみのうら》駅

伊勢に来たならここにも参拝

二見《ふたみ》興玉《おきたま》神社

❖伊勢参拝の前に禊《みそぎ》をした神社

伊勢といえばまず、何はなくとも「お伊勢まいり」。しかし昔は、伊勢神宮に参拝する前に二見浦で禊をするのが慣例だったという。

二見浦は、外宮《げくう》のある伊勢市街から西へ約八キロ。夫婦《めおと》岩で知られる二見興玉神社が鎮座する。二見興玉神社は猿田彦大神と宇迦御魂《うかのみたま》大神を祀り、沖合七〇〇メートルに御神体の「興玉神石《おきたましんせき》」が沈んでいる。夫婦岩は、この興玉神石を礼拝するための鳥居の役割を果たしている。

夫婦岩の間から太陽が昇る光景はあまりにも有名だ。二つの岩の間から昇る太陽が見られるのは四月から八月で、うち六月の夏至前後一週間にはちょうど真ん中に昇る。いっぽう十一月から二月にかけては、岩の間から満月が昇る。

❖旅館街を抜けて夫婦岩へ

二見浦へは、二見浦駅から歩いて十五分ほど。夫婦岩を模したガラス張りの駅舎で、平成五年に建てられたもの。名物「御福餅《おふくもち》」の本家がある駅前通りを進み、突き当りを右へ。海岸線と並行するこの通りは門前の旅館街で、風格ある木造旅館や昔ながらの土産物店が軒を連ねている。二見興玉神社の歴史と格を窺わせる町の趣である。町を抜けると海岸に松林が広がり、やがて二見興玉神社の鳥居が見えてくる。

海に面した神社は、境内全域が眺望ポイントだ。荒れた日には波飛沫《しぶき》を浴びそうな参道を進むと、一番奥に拝殿、その向こうの海中に夫婦岩がある。列車の旅だと日の出や満月を拝む時間に参拝するのは難しいかもしれないが、ここの美しさは季節や時間を問わない。

二見浦駅

日の出の光景が有名な夫婦岩だが、
夏の日中もまた爽やか

【DATA】

所在地／三重県伊勢市二見町

◉絶景ポイントまで…二見浦駅から約 1.2km

◉車…伊勢二見鳥羽有料道路二見 JCT →国道 42 号経由→現地（約 2km）

駅から神社にかけて豪壮な旅館が建ち並ぶ

眺めのよさは抜群だが、普段は
列車も一瞬で通過してしまう

◉JR参宮線松下駅

波打ち際に設置された臨時駅　池の浦シーサイド駅

参宮線の松下－鳥羽間にある池の浦シーサイド駅は、東海地方で屈指の〝珍駅〟だ。

駅名のとおりホームの真下は海。波穏やかな池の浦湾を一望でき、風光明媚な点ではJR東海随一といっても過言ではない。しかし、停車する列車は極端に少なく、近年は年にわずか数日のみの不定期営業。そもそもは、平成元年に夏期だけ停車する臨時駅として開業したのだが、海水浴場から中途半端に遠く、見込みより利用客が少なすぎたようだ。

降りてみたくても降りられないとはなんとももどかしいが、隣の松下駅や近くの近鉄池の浦駅からはさほど遠くない。

【DATA】
所在地／三重県伊勢市二見町松下
◉絶景ポイントまで…松下駅から約 1.7km
◉車…伊勢二見鳥羽有料道路終点→国道 42 号経由→現地（約 1km）

海上築堤を走る一両きりの列車。
狙い目はやはり満潮時

◉近鉄鳥羽線池の浦駅

海の上を列車が走る？　参宮線海上築堤

下り列車が池の浦シーサイド駅を通過すると間もなく、左が入り江、右も入り江という、不思議な場所を通過する。実はここ、海の中に築かれた築堤上を走る、全国でも珍しい区間。池の浦湾の最も深い場所あり、波が常に穏やかなので、このような路盤でも問題がなかったのだろう。

ここは鉄道ファンには有名な撮影ポイント。JRの駅からはやや遠く（池の浦シーサイド駅から近いが不定期営業）、アクセスは近鉄鳥羽線の池の浦駅が便利だ。

ちなみに、この築堤の中ほどに伊勢市と鳥羽市の境界がある。つまりここは、伊勢国と志摩国の境界でもある。

【DATA】
所在地／三重県鳥羽市堅神町
◉絶景ポイントまで…池の浦駅から約0.6km
◉車…伊勢二見鳥羽有料道路終点→国道42号経由→現地（約0.5km）

JR参宮線・近鉄鳥羽線鳥羽駅

天候観測の山から鳥羽の海を眺める

鳥羽日和山《ひよりやま》

天候観測をした日和山

志摩半島といえば、複雑に入り組んだ美しいリアス式海岸の印象が強い。しかし、ＪＲ参宮線、近鉄志摩線とも、列車に乗りながらその風景を味わえる区間はほとんどないといっていい。各所に展望スポットはあるものの、駅から離れた辺鄙《へんぴ》な場所にある場合がほとんどだ。

駅から徒歩圏内にある数少ない展望スポットが、ＪＲと近鉄が共用する鳥羽駅の裏にある日和山である。日和山とは、全国の海岸沿いに点在する地名。船の出帆にあたり、天候と風向きの見通しを立てることを「日和見」といい、日和見のために船宿の主人や船頭が登った小山のことである。江戸時代、廻船が出入りする主な港には、たいがいあった。

鳥羽は良好な風待ちの港町であると同時に、鳥羽藩の城下町として栄えてきた。

遠く渥美半島を望む

日和山への登り口は鳥羽駅の南口。鬱蒼とした木々の中に続く車道を登り切ると、道は二手に分かれる。左に進んだ先にあるのは、明治四十五年に開かれた別荘「廣楽園」の跡地。右に折れて階段を登ると日和山の頂上。どちらにも展望台が設けられているものの手入れはあまりされていないようで、やや荒れた雰囲気。来る時間帯を選んだ方がよい。

どちらからも鳥羽港や沖に浮かぶ島々、さらに渥美半島まで眺めることができる。廣楽園跡には石碑以外にこれといったものはないが、日和山頂上のほうには、実際の天候観測に使われた八角柱の「方位石」が残っている。

鳥羽駅。廣楽園跡から望む

日和山山頂から伊良湖水道を望む。左は答志島、右は神島、奥に霞むのが渥美半島

【DATA】
所在地／三重県鳥羽市１丁目
◉絶景ポイントまで…鳥羽駅から日和山山頂まで約 0.5km、廣楽園跡まで約 0.7km
◉車…伊勢二見鳥羽有料道路終点→国道 42 号経由→現地（約 3.5km）

文政５年（1822）、神戸の御影石製の方位石。全国有数の大きさ

近鉄志摩線 賢島《かしこじま》駅

真珠養殖の発祥地

英虞《あご》湾

❖無人島から観光の島へ

近鉄志摩線の終点、賢島は、名前のとおり小さな島にある。前身の志摩電気鉄道によって開業したのが昭和四年。それ以前はわずかの水田があるばかりの無人島だったのだが、鉄道開通を期に「海の軽井沢」のスローガンのもと観光開発が始まり、近隣から旅館や真珠販売店が移転、現在の基盤をつくった。ちなみに賢島の名は、対岸の農民が干潮時に徒歩で渡ったことから「かちこえ島」と呼ばれていたのが、いつしか転訛《てんか》したと言われている。

別名「真珠島」とも呼ばれた賢島のある英虞湾は、真珠養殖の発祥地である。ここは古くから天然真珠の産地として知られていたが、明治に入ると養殖を試みる者が現れた。最初に成功したのは当地の小川小太郎だが、二十四歳で死去。小太郎の功績に着目し、研究を重ねて養殖法を確立、やがて事業化に成功したのが、真珠王として知られる鳥羽の御木本《みきもと》幸吉《こうきち》である。

❖真珠のほかにあおさ養殖も

賢島駅の北側、県道浜島阿児《あご》線に架かる賢島大橋は、真珠の養殖地を眺める絶好のポイント。橋の両側から、波穏やかな英虞湾に浮かべられた養殖筏がいくつも浮かんでいる。これに交じって海岸近くに浮かべられた網も見えるが、これは志摩のもう一つの特産品、あおさを養殖する海苔篊《のりひび》である。

賢島駅の南側には真珠店が軒を連ねる。その先は船着場で、英虞湾を五十分で一周する帆船風の遊覧船や、湾内の漁村を結ぶ定期船が発着する。英虞湾は船上、海岸どちらからも美しい風景が楽しめる。

賢島駅

賢島大橋から望む。真珠は筏に
アコヤ貝を吊り下げて養殖する

【DATA】
所在地／三重県志摩市神明
◉絶景ポイントまで…賢島駅から賢島大橋まで約 0.3km、船着場まで約 0.1km
◉賢島エスパーニャクルーズ…
1 日 12 便運航（冬期は 11 便）
／乗船料 1500 円
TEL0599-43-1023（賢島営業所）
◉車…伊勢道伊勢西 IC →県道 32・国道 167 号経由→現地（約 27.5km）

陽光きらめく英虞湾

右岸から宮川橋梁を望む。真正面から列車を捉えるポイントもある

◉JR紀勢本線三瀬谷《みせだに》駅

奥伊勢路の名物鉄橋　宮川橋梁

三重県を南下する紀勢本線の車窓風景で最初のハイライトが、三瀬谷を出てから程なくして渡る宮川橋梁。大台ケ原に源流を発する宮川の深い谷に架かる鉄橋で、紀勢東線（当時）三瀬谷―滝原間が開通した大正十五年に架橋された。すぐ上流は三瀬谷ダム、下流は支流の大内山川の合流点で、これより梅ヶ谷までは大内山川沿いを走る。

宮川鉄橋の眺望ポイントは、三瀬谷ダムの堤体道路上や、対岸の県道沿いなど。列車が高所をゆっくり進む光景は絵になり、人気撮影スポットとしても知られている。

【DATA】

所在地／三重県多気郡大台町菅合

◉絶景ポイントまで…三瀬谷駅から約 1.5km

◉車…紀勢道大宮大台 IC →国道 42・県道 424 号経由→現地（約 1km）

展望台から北を望む。遥か北の鳥羽まで、この複雑な海岸線が続く

◉JR紀勢本線三野瀬《みのせ》駅

紀北のリアス式海岸を一望　高塚公園展望台

難所の荷坂《にさか》峠を越えて伊勢から紀伊に入った紀勢本線は、紀伊長島から先は海沿いを南下する。志摩半島から続くリアス式海岸は熊野市の鬼ヶ城まで続き、列車は入りの町や集落を結んでゆく。

リアス式海岸を一望するとなると高い山に登らねばならないが、沿線に一カ所、駅から比較的近いところに展望台がある。三野瀬駅最寄りの高塚公園展望台だ。海に突き出し山の上にあり、そこまでの登りが少々大変だが、展望台からは複雑な海岸線や山並み、いくつもの小島が浮かぶ熊野灘を見渡すことができ、絶景の一言に尽きる。

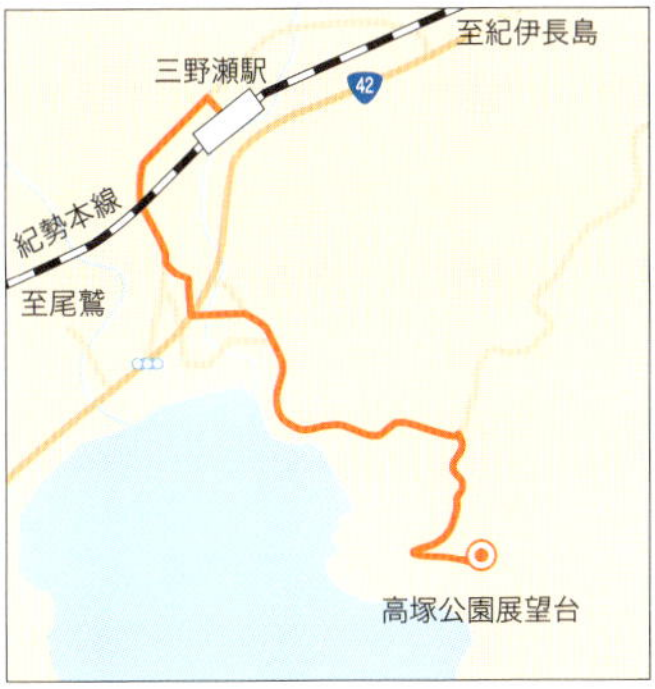

【DATA】

所在地／三重県北牟婁郡紀北町紀伊長島区三浦

◉絶景ポイントまで…三野瀬駅から約 1.8km

◉車…紀勢道紀勢大内山 IC →国道 42 号経由→現地（約 24.5km）

JR紀勢本線波田須《はだす》駅

荒波と対峙する徐福《じょふく》伝説の集落　波田須集落

❖トンネルの連続する区間

尾鷲ー熊野市間は、平成二十一年に全通五十周年を迎えた紀勢本線の最後の開通区間。昭和三十一年から三十四年にかけて、断続的に開通している。志摩半島から続くリアス式海岸の最南端にあたり景色は極めてよいエリアなのだが、トンネルが連続するため、車窓に絶景が現れる個所は少ない。併走する国道三一一号にはいくつかビューポイントがあるものの、いずれも駅から少々遠いのが難だ。

その中で、駅から比較的容易に絶景ポイントに行くことができるのが波田須駅である。熊野灘に落ちる急斜面の一番下、トンネルの間のわずかな平地につくられた駅で、列車の来ないときは波の音だけがかすかに聞こえるのみである。

❖徐福が上陸した地

駅から坂道を国道まで登り新鹿《あたしか》方面へ少し行くと、海を見下ろす場所に出る。わずかの家が身を寄せ合い、荒々しい海と対峙する集落が眼下に見える風景は、隔絶された土地の厳しさを感じさせる。

集落の中に見える巨木のそばには「徐福の宮」という小さな祠がある。ここは二千年以上前、秦から不老不死の薬を求めて渡来した徐福が上陸したとされる地。徐福はここに住み着き、土地の者に製陶、製鉄、農耕・土木技法など中国の高度な技術を教えたと伝えられている。波田須の地名も元は「秦住」と表記したという。

眺望ポイントのすぐ近くには熊野古道の石畳道も残る。多くの巡礼者もこの風景を眺め、徐福伝説に太古のロマンを感じたことだろう。

波田須駅

熊野古道石畳道のすぐ下にある国道沿いのビューポイントから望む。
中央左の巨木が徐福の宮

【DATA】
所在地／三重県熊野市波田須町
◉絶景ポイントまで…波田須駅から約 1.2km
◉車…紀勢道紀勢大内山 IC →国道 42・311 号経由→現地（約 77.5km）

周囲から隔絶された駅のホームからも
太平洋が見える

JR紀勢本線熊野市駅

静と動の海岸風景

鬼ヶ城と七里御浜《しちりみはま》

太平洋に臨む奇岩、鬼ヶ城

志摩半島から続いてきたリアス式海岸は熊野市の鬼ヶ城で突然終わる。この先は熊野川河口の新宮まで延々二五キロ、真っすぐな海岸「七里御浜」続く。

七里御浜の全貌は、鬼ヶ城から見渡すことができる。鬼ヶ城は、風波に侵食されてできた無数の洞窟がある奇岩の絶壁で、国の天然記念物。その昔、鬼と呼ばれて恐れられた多娥丸という海賊を、坂上田村麿が勅命により退治したという伝説からこう呼ばれている。

鬼ヶ城には遊歩道が整備されており、熊野市駅側、大泊駅側どちらからもアクセス可能。まさに鬼の牙のような断崖に太平洋の波が打ち寄せ、迫力ある散策が楽しめる。南を眺めれば弧を描く七里御浜。荒々しい鬼ヶ城とは対照的だ。

七里御浜と熊野古道と

七里御浜は熊野古道の一部でもあった。伊勢方面から熊野古道を南下してくると、ここまでは険しい山越えの連続に難儀させられたのだが、熊野速玉《はやたま》神社（和歌山県新宮市）まではひたすら平坦な道となる。往時の参詣者にとって歩きやすいかといえば必ずしもそうではなかった。海沿いなので、熊野灘の荒波や小河川の河口に阻まれることもしばしばあったという。

鬼ヶ城のすぐ上にも熊野古道が通じている。熊野市駅から大泊駅までは、松本峠を越えて一時間強。手軽に古道の峠越え風情を味わいたい人に勧めたい。峠から古道を外れ尾根伝いの遊歩道を少し歩くと、高い目線から七里御浜を一望できる東屋もある。

熊野市駅

熊野川の河口まで延々と続く七里御浜。
この海岸の出発点に熊野市街はある

鬼ヶ城の遊歩道は一周約１キロ。
東口から大泊駅へも近い

【DATA】

所在地／三重県熊野市木本町
◉絶景ポイントまで…熊野市駅から鬼ヶ城遊歩道入口まで約 1.3kn
◉車…紀勢道紀勢大内山 IC →国道 42 号経由→現地（約 75km）

ビルのすぐ南は工場。土曜は夜９時まで開館している

ビル＆タワー

四日市港ポートビル

四日市の大工場地帯が眼下に

平成十一年、四日市港開港百周年を記念して建築された一〇〇メートルのビル。江戸時代の四日市港は、波が静かで水深の深い天然の良港として栄えた。明治に入り、廻船問屋の稲葉三右衛門がさらなる発展を期して港の改築に着手。途中の中断を含め十二年をかけてこれを完成させると、四日市港に入港する外国の貿易船も増加。明治三十二年には開港場に指定される。これらから数えての百年である。

ビルが建つのは四日市市北部の埋立地。最上階からは、鈴鹿山系や伊勢湾の眺めもいいが、やはり目を引くのは南方向に林立する工場群や、北側のコンテナ埠頭だろう。フロアには港の歴史と現在の様子がよくわかる展示もある。

【DATA】

四日市港ポートビル（うみてらす14）

三重県四日市市霞 2-1-1

◉アクセス…ＪＲ富田浜駅から徒歩 15 分

◉ 9:30 ～ 17:00（最終 16：30)、土曜は～ 21:00 ／月曜・年末年始休／入館料 300 円

TEL059-366-7022

［著者紹介］
内藤昌康（ないとう・まさやす）
1971年、岐阜県揖斐川町生まれ。愛知大学文学部卒業。競輪専門紙、編集プロダクション、地方出版社勤務を経て、現在は東海地方全域をフィールドにフリーライター／エディター／カメラマンとして活動。
著書に『国道一五一号。一五一話。』『浜道紀行』『火の見櫓暮情』（いずれも春夏秋冬叢書）、編著書に『島根県の歴史街道』『西三河今昔写真集』『知多巡礼紀行』（いずれも樹林舎）などがある。
HP　http://marukado-mercado.com/（まるかどめるかど）
ブログ　http://marukado.blog75.fc2.com/（まるかど日記）

装幀／三矢千穂

鉄道でゆく東海絶景の旅

2010年5月1日　第1刷発行　　（定価はカバーに表示してあります）

著　者　　内藤　昌康
発行者　　稲垣 喜代志

発行所　名古屋市中区上前津 2-9-14　久野ビル
振替 00880-5-5616 電話 052-331-0008
http://www.fubaisha.com/
風媒社

乱丁・落丁本はお取り替えいたします。　＊印刷・製本／モリモト印刷
ISBN978-4-8331-0141-7